Hans-Joachim Hahn
Mentale Grenzen überwinden

AF667306

Hans-Joachim Hahn ist Motivationsexperte, Führungs- und Verkaufstrainer, Unternehmensberater, Familienvater, Sportler und Inhaber der Fa. Hahn Management Training in Mainz. Er war Marineoffizier, Projekt Manager im Internationalen Anlagenbau, Exportleiter in der Industrie und hat Betriebswirtschaft studiert. Nach seiner Trainerausbildung bei der Deutschen Training hat er zunächst drei Jahre als angestellter Trainer und inzwischen mehr als 20 erfolgreiche Jahre als selbstständiger Fach- und Führungskräfte-trainer Kompetenz und Erfahrung erworben.

Er spricht mehrere Sprachen und hat sein umfassendes Know How als Motivationsexperte in ca. 3000 gegebenen Seminaren, zahlreichen Unternehmen im In- und Ausland bei mehr als 30.000 Seminarteilnehmern unter Beweis gestellt. Er trainierte Mitarbeiter und Führungskräfte der ABB, ATU, die Berliner Schultheiss Brauerei, Continental, DBV Winterthur, Evonik, kfzteile 24 GmbH, Kienbaum, Hoechst, Honeywell, WDR, ARD, HÄVG, der Universität Mainz, von Banken und von der R & V Versicherung. So machte er sich einen Namen in der Erwachsenenbildung als Trainer, Unternehmensberater, Dozent, und Speaker.

Hans-Joachim Hahn

Mentale Grenzen überwinden

Rediroma-Verlag

Bibliografische Information der Deutschen Nationalbibliothek:
Die Deutsche Nationalbibliothek verzeichnet diese Publikation in der Deutschen Nationalbibliografie; detaillierte bibliografische Daten sind im Internet über http://dnb.ddb.de abrufbar.

ISBN 978-3-96103-165-8

Copyright (2017) Rediroma-Verlag

Alle Rechte beim Autor

www.rediroma-verlag.de
19,95 Euro (D)

Inhaltsverzeichnis

A: Anfang, Motivation, Warum schreibe ich hier?

=> PROBIZIPLANDU. Das Ende kommt zuerst … Hier ist die Lösung aller menschlichen Probleme

»Warum willst du das Buch schreiben?«, fragte mich mein 23-jähriger Sohn Tim vor wenigen Tagen. »Weil ich es mir beweisen will, dass ich es kann. Und weil eben das auch eine Überwindung einer mentalen Grenze ist.« Denn die mentale Grenze sagt:

»Ein Buch schreiben – das klappt sowieso nicht – du hast eh keine Zeit dafür. Du bist doch als Managementtrainer, Sportler, Familienvater, Ehepartner, Verkäufer und ständig-aus-dem-Koffer-lebender-Herumreisender JETZT schon zeitlich überlastet. was soll das bringen? Verkaufen wirst du eh nicht viele Bücher. Es ist eine Sauarbeit, die da reingesteckt werden muss – und am Ende kommt eh nix dabei heraus. Du hast es doch schon (erfolglos) probiert. Klappt eh nicht. Kostet nur Geld – und dann heißt es am Ende: Außer Spesen nix gewesen …«

Achtung: Das ist die mentale Grenze.
Diese Denkbarriere, die da sagt:
»Das geht doch sowieso nicht. Oder: Das schaffst du eh nicht.«
Mein Sohn erwiderte: »Aber ich glaube nicht, dass das reicht als Motiv für ein Buch. Du kannst doch nicht ein Buch schreiben, weil du dir selbst was beweisen willst – oder nur deshalb, weil du schon lange keines geschrieben hast. Du brauchst ein richtiges – ein echtes Motiv!
Also dachte ich über mein echtes Motiv nach. Warum schreibe ich dieses Buch wirklich?
Antwort: Weil ich die **MENTALE GRENZE** – ich weiß nicht, wie oft – **ÜBERWUNDEN** habe. Weil ich weiß, wie es funktioniert. Ich bin sozusagen nicht eben erst ein Grenzgänger, sondern ein ständiger Grenzüberschreiter.
Ich sage Ihnen jetzt schon, ganz am Anfang, wie es funktioniert. Sie brauchen sich als Leser gar nicht durch hunderte von Seiten zu quälen, um dann auf der letzten Seite vielleicht doch ein ganz anderes Rezept (oder gar keines) zu erfahren, als Sie erwartet haben.

Ich zeige Ihnen hier und jetzt, wie Sie mentale Grenzen überwinden:

Durch die Prinzipien PROBIZIPLANDU und Tej!

Das sind meine Methoden.
Und die Lösungen zahlreicher, aufgeschobener Probleme.

Sie starten mit einem

⇨ **Pro**blem / ungelöste Aufgabenstellung, bei dem Sie eine mentale Grenze empfinden. Dann entwickeln Sie in Ihrem Kopf ein positives leuchtendes

⇨ **Bi**ld einer Lösung. Danach erst setzen Sie sich ein smart formuliertes

⇨ **Zi**el, das Sie auch schriftlich fixieren und kontrollieren. Es folgt Ihr

⇨ **Plan** zur Umsetzung des Zieles in kleinen Schritten. Dazu brauchen Sie

⇨ **D**isziplin. Wenn Sie diese aufbringen bzw. den ISH[1] überwinden, dann folgt die

⇨ **U**msetzung. Die **PROBIZIPLANDU**-Methode empfehle ich bei komplexen und größeren Projekten. Bei kleineren und schnell machbaren Ergebnissen, nehmen Sie einfach die **Tej**-Methode. **T**u – **e**s – **j**etzt!

Die **Tej**- Methode bedeutet: Überlege nicht lange, plane nichts, wäge nicht ab, suche keine Vor- und Nachteile, erstelle keine Bewertung. Tu – es – einfach jetzt! Denn es gilt die alte Weisheit: »Es gibt nichts Gutes, außer man tut es.

Dieses Buch ist kein klassisches Lehrbuch oder Nachschlagwerk und keine Enzyklopädie. Es ist kein Baukasten und keine Toolbox. Es hat keine klassische Gliederung mit Einleitung, Hauptteil und Schluss. Es ist eine Aneinanderreihung von Geschichten, Beispielen, meinen Erfahrungen und anderer Menschen, die durch Überwindung mentaler Grenzen extrem große Erfolge erzielt haben.

---

[1] ISH = Innerer Schweinehund

Wer ist nun hier der Adressat?

Die Zielgruppe dieses Buches ist nicht nur der selbstständige oder angestellte Geschäftsmann / die Geschäftsfrau, der / die mit seiner Firma große Ziele erreichen will. Nein, ich denke, jeder Mensch, der eine Idee oder ein unverwirklichtes Projekt hat (welches mit einer Denkbarriere behaftet ist), der könnte Nutznießer dieses Buches sein.

B: Bill Gates und die Berge im Himalaya

Wenn Bill Gates auf seine mentale Grenze gehört und diese NICHT überwunden hätte, dann hätten Sie heute alle keinen einzigen Personal Computer.
Weder zu Hause als Desktop, noch unterwegs als Laptop noch ein I-Pad und auch keinen Computer im Smartphone.

Wissen Sie, welche Vision Bill Gates bereits im Jahr 1975 hatte?

Er sagte: »Den Großrechner (von IBM seinerzeit »Mainframe-CPU«genannt) wird es irgendwann nicht mehr geben … Eines Tages wird jeder (er wiederholte, JEDER) Mensch später einmal einen Computer auf seinem Schreibtisch stehen haben (Jeder Einkäufer, Verkäufer, Apotheker, Rechtsanwalt, Apotheker, Lehrer, ja sogar jede Privatperson, wird eines Tages sogar einmal zwei Personal Computer besitzen und benutzen. Diese Entwicklung wird die Welt revolutionieren.«
Wissen Sie, was man mit ihm gemacht hat, als er vor ca. 40 Jahren seine Vision offenkundig machte? Man hat ihn ausgelacht. Ihm einen Vogel gezeigt. Nach dem Motto – so ein verrückter Spinner. Selbst das Top Management von IBM (zu jener Zeit hatten DIE das größte Marktvolumen an Computern in der Welt) glaubte 1974 noch: »Einen Mainframe wird es IMMER geben. Und einen PC mit einem eingebauten Microprozessor darf es niemals geben. (Denn das hätte die Marktmacht von IBM zerstört) und den wird es NIE geben. Ebenso wenig einen Personal Computer auf jedem Schreibtisch – das ist doch völliger Schwachsinn …«

Und da war sie wieder …

Die mentale Grenze:

- Haben wir schon IMMER so gemacht.
- Haben wir noch NIE so gemacht.
- Ein PC auf jedem Schreibtisch? Kann nicht sein ...

Das funktioniert sowieso nicht.

Und wissen Sie, was Bill Gates gemacht hat?

Er hat seine Idee einfach umgesetzt. Er hat sich gedacht: »Ob ihr daran glaubt oder nicht, ist mir egal. Ich setze meine Idee erstmal um …«

Er erkannte ein **Pro**blem der Menschheit:

Information, Kommunikation sind Daten, die die Menschen individuell verarbeiten wollen. Er machte sich ein **Bi**ld von der Zukunft (Jeder hat einen PC auf dem Tisch stehen). Er setzte sich **Zi**ele. Er machte einen **Plan.** Er arbeitete mit unermüdlicher **D**isziplin. Mit der **U**msetzung seiner Vision schrieb er Geschichte und wurde einer der reichsten Menschen der Welt.

Das ist sie wieder: meine »**PROBIZIPLANDU**-Methode.

Wussten Sie, dass ich mit der oben genannten Methode schon einen Menschen motiviert habe, den ca. 8000 Meter hohen Nanga Parbat zu besteigen? Es war etwa im Jahr 1990, dass ich in einem Managerseminar in München die anwesenden Seminarteilnehmer gebeten habe, ihre Visionen und Ziele aufzuschreiben. Viele gaben als Ziel ein neues Auto, eine neue Wohnung, ein eigenes Haus oder einfach »4 Wochen zusammenhängenden Urlaub« an. Für viele Manager ist jegliche Freizeit, die länger als zwei Wochen dauert, entweder unvorstellbar lang (weil dieser Urlaubsantrag wegen Unabkömmlichkeit sowieso nicht genehmigt wird) oder es bedeutet schon von vorneherein Mega-Stress für den Geschäftsmann, sooo lange nicht am Arbeitsplatz zu sein.

Aber einer, der Projektleiter Herr G. aus München, war anders. Er hatte neben dem Managerberuf die Leidenschaft des Bergsteigens entdeckt und hatte in den Bayerischen, Österreichischen und Schweizer Alpen schon 20 Berge von jeweils 2000 bis 3000 Metern Höhe bestiegen.

Er war sehr begeistert von meinem Thema »Visionen und smarte[2] **Ziele**«. Für ihn war damals eine Bergbesteigung eines 8000ers eine schier unüberwindliche Herausforderung, die er sich noch gar nicht vorstellen konnte. Jedoch faszinierte ihn die Bergwelt dermaßen, dass er sich dieses Ziel setzte und es mit meiner Methode versuchte.

Er malte sich eine **Bi**ld davon, wie er auf dem Nanga Parbat stand – mit Bart, Zelt und Rucksack, und Sauerstoffflasche im Schneesturm auf dem Gipfel mit einem Lächeln auf dem zu Eis verfrorenen Gesicht.
Er setzte sich schriftlich das **Zi**el, in den nächsten zwei Jahren drei 4000er zu erklimmen. Ein weiterhin SMART notiertes Endziel von ihm war es, bis zum 31.12.1993 (selbst definierter Endtermin der »Operation Himalaya«) einen 8000er, den Nanga Parbat im Himalaya, zu besteigen.

---

[2] SMART= Ein operationalisiertes Ziel sollte **S**pezifisch, **M**essbar, **Ak**zeptiert, **R**ealistisch und **T**erminiert (mit einem Endtermin) gesetzt sein

Er erstellte sich einen Bergsteiger-Trainings**plan** für die nächsten drei Jahre.

Er trainierte mit höchster **D**isziplin und übte Askese beim Essen, Trinken und bei dem Wärmebedürfnis, um sich auf diese besondere Expedition gut vorzubereiten. Ich traf ihn tatsächlich 3 Jahre später wieder:

Und?

3 Jahre später … Er hatte es geschafft.
Er ist der einzige Mensch, den ich kenne – außer Reinhold Messner natürlich – der mit 8126 Metern Höhe den Nanga Parbat, einen der höchsten Gipfel dieser Welt, bestiegen hat.
Sie funktioniert also, die »**PROBIZIPLANDU**- Methode.

C: Cancer and Clean Bill of Health

Wir schreiben das Jahr 1997. Der Bruder meiner damaligen Ehefrau lebte in Edmonton/Alberta/Kanada und war ein sehr christlich engagierter und überzeugter Priester der katholischen Kirche. Er besuchte uns in Prince Edward Island anlässlich eines Familientreffens und teilte uns eine sehr traurige Nachricht mit. Er sei in Edmonton im Krankenhaus zu einer gesundheitlichen Vorsorgeuntersuchung gegangen und man habe ihm die übelste Diagnose der Menschheit mitgeteilt ... CANCER, das bedeutet KREBS in der Bauspeicheldrüse.

Dazu war seine Krankheit – er war zu dem Zeitpunkt 48 Jahre alt und hatte nie geraucht oder getrunken – auch noch in einem sehr schlimmen Status:

Das heißt, die Ärzte gaben ihm noch maximal ein bis zwei Jahre …

Was fühlt ein Mensch, der bisher kerngesund war, mit so einer Diagnose in so einem Moment?

»Das ist das Ende. Hier ist das Limit. Nun ist es aus. Ich kann vielleicht mit allen therapeutischen und lebensverlängernden Maßnahmen noch 24 Monate leben, aber dann ist es für immer vorbei. Das Ende des Daseins auf dieser Erde.«

Das ist eine mentale Grenze. – Der Tod mit 48.

Wissen Sie, was mein Schwager mit dieser Diagnose gemacht hat? Er hat gebetet. Er hat als gläubiger Christ und Priester zu Gott gebetet. Nicht verzweifelt (gebetet). Nicht flehend. Nicht panisch, nicht aus der Not heraus. Er hatte schon immer gebetet. Er wirkte auf mich immer ruhig und besonnen. Auch jetzt. Er hat einfach zu Gott gebetet.

Was jetzt kommt, klingt absolut unglaubwürdig. Das weiß ich. Sie werden denken, das gibt es nicht. Das ist frei erfunden und es gibt keine Wunder.

Aber als mein Schwager sechs Wochen später – ohne die Durchführung jeglicher medizinischer Therapie – zu einer weiteren Krebsuntersuchung ging, um den Verlauf der Krankheit zu beobachten, konnten die Ärzte seine Krebserkrankung nicht mehr feststellen. Drei Ärzte bescheinigtem ihm bei mehreren Untersuchungen in verschiedenen Kliniken, dass er uneingeschränkt gesund sei.

Meine damalige Ehefrau sagte:
»There he was at his examination. The physicians looked into their updates files and they stated him: YOU HAVE GOT A CLEAN BILL OF HEALTH.«

Der Mann war gesund! Und nichts, aber auch schier gar nichts, weder in den Blutwerten, noch im PSH-Wert noch die Röntgenaufnahmen in den Organen, nicht einmal eine Spur einer Krebserkrankung mehr, war bei meinem Schwager erkennbar.

Das war für mich der komplette Durchbruch einer mentalen Grenze:

Wenn ein »Todgeweihter« plötzlich gesund ist.

D: Deutschland allein ist nicht genug – Rolf Völkle, Deutsche Tugenden = Disziplin & Fleiß

Visionen haben schon immer Menschen bewegt, etwas Bahnbrechendes, ja sehr oft Außergewöhnliches zu erschaffen. So war es auch bei dem Gründer von ROVO CHAIRS INTERNATIONAL, Herrn Rolf Völkle. Wenn Sie auf die Internetseite schauen, werden Sie vor allem mit Preisen und Awards für Ergonomie und Sitzkomfort ausgezeichnete Produkte sehen. Aber wenn sie die Bilder zur Geschichte des Unternehmens anschauen, werden Sie allein an den Unternehmensgebäuden 1964, 1968 und 1990 eine superdynamische Entwicklung sehen, die ihresgleichen sucht. 1988 bis 1990 war ich Teil dieser Entwicklung. Und Rolf Völkle als Gründer und Vater des heutigen Geschäftsführers Rolf Andreas Völkle war der Mann, der das Wort VISION nicht erfunden, aber zu 100% gelebt und umgesetzt hat.

Als ich mich von London aus im Jahr 1988 als Exportkaufmann bei der Fa. Rovo Chairs im Lossburg im Schwarzwald beworben und am 22.12. einen Vorstellungstermin bekommen hatte, tat der Geschäftsführer etwas sehr Ungewöhnliches. Er führte mich in sein Büro und zeigte mir die politische Weltkarte, in der – zu diesem Zeitpunkt – sieben Stecknadel-Fahnen steckten. Je eine Fahne steckte in Deutschland, eine in Frankreich, eine in England, Schottland, Spanien, ja sogar eine in den USA und eine in Kanada. Er zeigte darauf und sagte:

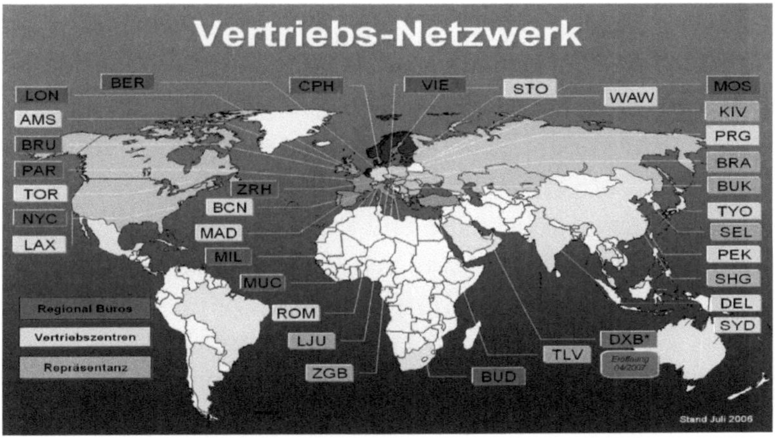

»Sehen Sie, Herr Hahn, hier ist die Welt und momentan sind wir in sieben Ländern mit Produktions- oder Verkaufsstandorten, oft auch nur durch exklusive Händler mit unseren Produkten vertreten. **Deutschland allein ist nicht genug. Meine Vision ist es, in fünf Jahren in 35 Ländern dieser Erde mit Rovo Chair-Produkten vertreten zu sein.**

Sie werden von mir jedwede Unterstützung bekommen, die Sie nur brauchen, wenn Sie tatkräftig mit anpacken, meine Vision umzusetzen. Sie können Sprachen lernen, Länder bereisen, unsere Firma repräsentieren an jedem Punkt dieser Welt. Und die Firma ROVO wird Ihnen das alles bezahlen. Was möchten Sie gerne werden, wo möchten Sie gerne hin, welche Sprache möchten Sie gerne richtig lernen?«

Ich war sofort begeistert von seiner Vision, entschied mich für Französisch (Englisch und Spanisch konnte ich schon) und wurde innerhalb von zwei Jahren zum Ländergruppenleiter Europa. Aber was viel interessanter ist: Rolf Völkle hat jeden seiner Bewerber und seiner Mitarbeiter immer

wieder vor seine Weltkarte geführt, und Ihnen anhand der Fähnchen auf der Weltkarte gezeigt, was Wachstum wirklich bedeutet.
Was schätzen Sie, wie lange er gebraucht hat, um seine Vision bis zum ersten Etappenziel zu verwirklichen?
Es waren keine zehn Jahre und keine fünf. Er brauchte nur drei. Nur lächerlichere drei Jahre später war er mit Rovo Chairs in 35 Ländern vertreten. Und zehn Jahre später schon in 70 Ländern. Diese Wachstumsdynamik eines schwäbischen Familienunternehmens habe ich später nie mehr erlebt. Er selbst stand jeden Morgen um fünf Uhr auf, schloss um sechs Uhr das Werkstor auf, begrüßte die Mitarbeiter mit Handschlag und arbeitete unermüdlich jeden Tag. Von sieben bis neunzehn Uhr. Mindestens.
Er hatte uns Mitarbeitern ein äußerst anschauliches Bild von der Zukunft gemalt ... Und mit den von ihm vorgelebten deutschen Tugenden »Disziplin« und »Fleiß« wurde seine Vision Wirklichkeit.

E: Entrepreneur mit Visionen, z.B. Torsten Hainke

Was ist ein »Entrepreneur«? Laut Wikipedia »der Gründer und gleichzeitig Inhaber eines Unternehmens«. Meiner Meinung nach ist er noch mehr: Ein Entrepreneur ist ein Macher mit hoher Entscheidungsfähigkeit, maximaler Energie und einer besonderen Geisteshaltung. Zitat: »Er handelt eigenständig, verantwortungsbewusst und willensstark. Er übernimmt größte Verantwortung im Unternehmen und trägt gleichzeitig die höchsten Risiken«, sagt Judok Batlogg aus der Gründerszene.

Neun Eigenschaften von TOP-Unternehmern (vgl. Ilja Greskowitz im Buch »Attitüde - Erfolg durch die richtige innere Haltung«) sind:

1. Vision
2. Einstellung
3. Verantwortungsbewusstsein
4. Lösungsorientierung
5. ein starkes Motiv
6. Entscheidungskompetenz
7. Achtsamkeit

8. Flexibilität
9. Liebe zum Beruf

Zunächst möchte ich Ihnen den kometenhaften Aufstieg eines echten Entrepreneurs am Beispiel von Torsten Hainke aufzeigen.

2001	Verkauf von Kfz-Teilen über einen eBay-Shop
2005	Gründung der Fa. Kfzteile 24 GmbH
2006	Eröffnung der 1. Filiale in Berlin, Weissensee
2007	Gründung des Kfz teile 24 Online-Shops
2008	Eröffnung der 2. Filiale in Berlin, Mahlsdorf
2007 - 2008	Größter Online-Versandhandel für Automobilartikel in Deutschland
2009	Beginn des Sport-Sponsorings für FC Union Berlin
2010	Eröffnung von Kfz-Werkstätten in den Filialen
2012	Beginn des Motorsportsponsorings bei ADAC GT Masters
2014	Eröffnung der 3. Filiale in Berlin, Spandau
2015 - 2016	Erfolgreicher Verkauf der Fa. an das schwedische Private Equity Unternehmen EQT

1. Vision:
Torsten Hainke verkaufte im Jahr 2001 spezielle Blinker für den BMW 316. Das war EIN Produkt. Damals träumte er davon, eines Tages den größten Autoteile-Online-Versandhandel Deutschlands aufzubauen. Natürlich nur ein Traum. Sofort kam die mentale Grenze, die sagte: Das schaffst du sowieso nicht. Autoteile massenhaft online im Internet zu verkaufen – das geht gar nicht. Dazu brauchen

Kunden doch persönliche Beratung, Artikel-Nummern usw.«

2. Einstellung

Aber die Einstellung von Torsten Hainke, ab sofort TH genannt, stimmte. Er schaute nach positiven Vorbildern wie z.B. ZALANDO & Co. Die machten schon Millionenumsätze mit Schuhverkäufen im Internet, obwohl auch das ein beratungsintensives Produkt ist. Und TH sagte sich: Es ist machbar!

Er tappte nicht in die Falle der mentalen Grenze und ließ sich auch nicht durch »Unkenrufe« zurückhalten.

3. Verantwortungsbewusstsein:

Er übernahm 2005 sofort die volle Verantwortung als Hauptgeschäftsführer der dazu neu gegründeten Fa. Kfzteile 24 GmbH. Im Rahmen seiner extremen Leidenschaft für Autoteile gründete er nur ein Jahr später zusätzlich zum Onlinegeschäft die erste Filiale für Live-Verkäufe. Auf diese Weise wollte er auch für die persönlichen kaufenden Kunden – live und vor Ort – werktäglich von 06 bis 22 Uhr Produkt-Verantwortung und maximale Kundenorientierung unter Beweis stellen.

4. Lösungsorientierung

Als Vollblutunternehmer und Entrepreneur war sein Leben geprägt durch Lösungsorientierung. Wenn ein Mitarbeiter oder ein Unternehmensberater mit einem guten Lösungsvorschlag für ein Firmenproblem zu ihm kam, sagte er sofort: »Okay. Machen wir so.«

5. Ein starkes Motiv
TH hatte zwei starke Motive, die wie eine Antriebswelle auf ihn wirkten: Kundenorientierung und Mitarbeiternähe! Für diese beiden Zielgruppen hat er jahrelang buchstäblich alles getan UND GLEICHZEITIG DAMIT DIE FIRMA ZU AUSSERORDENTLICHEM WACHSTUM GEFÜHRT.

6. Entscheidungskompetenz
Mit seiner schnellen, intuitiven und direkten Entscheidungskompetenz gründete er dann 2007 den Kfzteile24-Online-Shop, mit dem er die Umsätze von eBay wieder zurück in die eigene Firma holte. Entscheiden, entscheiden – und Schlag auf Schlag entscheiden.

Das ist das Rezept mit dem der Entrepreneur TH die mentale Grenze überwunden hat.
Sehen Sie sich bitte die unternehmerischen Entscheidungen (oben, in der Firmenhistorie) noch einmal an. Jedes Jahr, spätestens jedes zweite Jahr, hat dieser Mann 2005 bis 2014 sein Unternehmen durch Neugründungen, Neueröffnungen und Großinvestments immer wieder in Quantensprüngen nach vorne geworfen. Aber schon 2008 war die Firma Kfzteile24 zum größen Online-Händler Deutschlands avanciert. Damals schon war die MENTALE GRENZE DURCH TATEN ÜBERWUNDEN und die Vision von 2001 erreicht. Auf der Liste ALLER 100 größten Online Versandhändler Deutschlands insgesamt stieg die Firma Kfzteile24 stetig auf und belegte 2014 mit € 116 Millionen Umsatz schon den Platz 41 der deutschen Online-Händler.

7. Achtsamkeit
Trotz allen Erfolgs blieb TH immer aufmerksam und empathisch für die Menschen (Kollegen und Kunden, Mitarbeiter, Lieferanten und Geschäftspartner), mit denen er zusammenarbeitete. Soweit bewies TH als Entrepreneur stets eine hohe Achtsamkeit.

8. Flexibilität
Durch die <u>Multimarkenstrategie</u> bei den Kfzteilen (z.B. Bremsteile von ATE, BOSCH, BREMBO, FEBI, HAUSMARKE), das <u>typenoffene Angebot für ALLE Kfz-Marken</u> (ähnlich der typenoffenen Werkstätten der Fa. ATU (Auto Teile Unger) und der <u>Anwendung des Multichannel-Marketingkonzeptes</u> (gleichzeitiger Verkauf über Online Shops, Filialen, Werkstätten, auf Messen, Nutzung von Gewerbekunden, Wiederverkäufern und Endkunden) hatte TH auch größte FLEXIBILITÄT bewiesen.

9. Die Liebe zum Beruf
ist für einen Entrepreneur wie TH nicht nur ein notwendiges Übel, weil er selbst ja sein Unternehmen gegründet hat und es wachsen sehen will, sondern eine Passion. Sie ist bei Gründer-Inhabern leidenschaftlich und so stark ausgeprägt, dass 10 bis 20 Stunden Arbeitszeit pro Werktag Normalität sind – und diese auch noch stets mit Freude und sehr viel Spaß absolviert werden.

FAZIT:
LEISTUNG LOHNT SICH!

BLANCPAIN
kfzteile24
DEKRA
4
ADAC
BASE

F: Fallschirmsprung und Feuerlauf

Was ist eigentlich die mentale Grenze?

Sie ist nicht allein eine Denkbarriere, eine schwer überwindbare Hürde im Hindernislauf unseres Lebens oder ein selbst gesetztes Limit, das da heißt: »Das schaff ich nicht.« Die mentale Grenze ist auch etwas viel Größeres, Unterbewusstes und Beherrschendes. Wie heißt dieses Phänomen, das unsere Persönlichkeitsentwicklung und Persönlichkeitsentfaltung derartig einschränkt, dass wir eigentlich in 100 Projekten vorwärts fahren möchten und dann doch gleichzeitig auf dem Bremspedal stehen?

ANGST!

Das ist die wahre mentale Grenze. Es gibt Menschen, die haben Angst vor Spinnen. Und deswegen können die kein Badezimmer oder WC mehr betreten. Andere haben Angst vor Ratten und Mäusen – ergo betreten sie keinen Keller oder Dachboden mehr. Andere haben Angst vor Schlangen und können nun nicht mehr in exotische Länder reisen. Wieder andere fürchten sich vor Haien und Meeresungeheuern, deshalb baden sie nie mehr im Meer. Weitere Menschen haben Flugangst und darum ist es ihnen unmöglich, auch nur eine einzige Fernreise zu unternehmen. Antony Robbins schrieb dazu in seinem faszinierenden Buch »Unleash your Personal Power« eine alte arabischen Kampfweisheit auf: »Wenn du vor etwas Angst hast, so musst du zum größten Punkt der Gefahr vordringen, um sie zu überwinden.«

Als Managementtrainer und Personal Coach für Persönlichkeitsentwicklung ließ Tony tausende von Menschen an den größten Punkt ihrer Gefahr vordringen. Er gab Menschen, die eine panische Phobie vor Schlangen hatten, ein hautnahes Schlangen-Erlebnis. Durch die direkte Konfrontation mit dem individuellen Angstfaktor konnte er bzw. der Proband die Angst überwinden. Das habe ich selbst gesehen und erlebt. Bahnbrechende einschneidende Schlüsselerlebnisse wie Feuerlauf, Fallschirmsprung oder Klippenspringen von 30 Metern Höhe ins Meer KÖNNEN, fallweise, einer tendenziell ängstlichen Person – bei erfolgreicher Bewältigung – mehr Selbstvertrauen für ein ganzes Leben geben.

1997 nahm ich an dem dreitägigen Seminar »Unleash your personal Power« von Tony Robbins in Brüssel teil. Seminarteilnehmer dieser Veranstaltung waren ca. 3000 Menschen, die alle den Wunsch hatten, ihre Ängste zu überwinden und somit ihre innere Kraft zu befreien. Tony hielt am ersten Abend eine glühende Motivationsrede über Feuer, Hitze, glühende Kohlen und das Instrument, um diese Angst zu überwinden. Dieses Mittel ist die innere Überzeugung. Sobald ein Mensch die innere Überzeugung besitzt, glühende Kohlen (Spinnen, Schlangen, Flugzeuge) können einem nicht gefährlich werden, dann geht er das Risiko ein. Tony donnerte uns in seiner emotional begeisternden Motivationsrede die Überzeugung ins Hirn: »Das Feuer ist kalt. Feuer ist ungefährlich.«

Anschließend traten wir – ca. 3000 Menschen aus aller Welt – aus dem Gebäude heraus in eine sternklare Sommernacht. Hier draußen, in der Natur, waren acht Feuerlaufbahnen von jeweils acht bis zehn Metern Länge mit einem echten Glutbett vorbereitet.
Am Start jeder Feuerlaufbahn standen zwei Helfer, die jeden einzelnen Feuerläufer VOR seinem Versuch eine psychologische Kontrollfrage stellen: »Bist du zu 100% bereit, über das Feuer zu laufen, deine Angst zu überwinden, und bist du zu 100% überzeugt, dass das Feuer unter deinen Füßen kalt ist und dir nichts, aber auch gar nichts anhaben kann?« Dabei schauten die beiden Helfer dem Kandidaten tief in die Augen. Wenn ein Proband mit »nein« oder » ich weiß nicht genau« antwortete, so wurde er weggeschickt und durfte nicht starten. Falls aber der Kandidat aus voller Überzeugung sagte, »ja. Ich bin bereit!«, dann durfte er starten.
Unmittelbar vor dem ganzen Feuerlaufprozess ertönte aus unsichtbaren Lautsprechern Musik, Trommelwirbel und Fanfaren, die eine atemberaubende Spannung aufbauten. Und dann ging's los: Ich lief los – mit großen, schnellen Schritten. Nicht trampelnd, eher federleicht und schwebend über zehn Meter glühende Kohlen – und hatte dabei vor Begeisterung leuchtende Augen. An den Füßen spürte ich nichts. Mein ganze geballte Energie war im Kopf und sagte mir: »Unten ist es kalt und ich werde es schaffen … Unten ist es kalt und ich werde es schaffen. Ich werde laufen und ich werde es schaffen.«
Glauben Sie's mir oder glauben Sie's nicht. Ich lief so schnell über die Kohlen wie ein »junger Gott«. – Ich war überrascht, so schnell am Ziel zu sein. Und ich dachte: »Hey. Was ist hier los? Das gibt es doch gar nicht. Ich ha-

be es geschafft. Zehn Meter glühende Kohlen und ich habe mich nicht verbrannt?«

Als ich drüben auf der anderen Seite ankam, wurde ich, nicht nur von den zwei Helfern, sondern auch von einer begeisterten Zuschauermenge empfangen. Die Helfer spritzen mir mit kaltem Wasser die Füße ab und die Menge jubelte, umarmte und feierte mich. Ich war glücklich und fühlte mich unendlich frei. Ich hatte mich tatsächlich nicht im Geringsten verbrannt. Das Erlebnis der Angstüberwindung in diesem Moment war derartig beglückend, dass ich mich später auf der Startseite – hinten in der langen Menschenschlange – wieder anstellte, um genau dieses Erlebnis noch einmal zu haben.

Man kann das alles nicht glauben, wenn man es selber nicht erlebt hat. Aber ich weiß, dass ich noch ein zweites Mal, mit der gleichen positiven Energie und der gleichen Überzeugung (»Das Feuer ist kalt und ich schaffe das …«) über die brennenden Kohlen gelaufen bin. Und wieder habe ich mich nicht verbrannt.

Noch im selben Jahr bin ich zur »Grenzüberschreitung« – gemeinsam mit meinem besten Freund – aus 4000 Metern als »Freifaller« mit dem Fallschirm aus einem Flugzeug gesprungen. »Glück ab«, sagen die Fallschirmspringer! Das Gefühl, das ich hatte, als ich die ERSTEN 60 Sekunden im freien Fall war, war wie der Tod durch Selbstmord! Das Gefühl, das ich hatte, in dem Moment als der Fallschirm aufging – und auch die fünf Minuten danach, dieses göttliche Schweben über Erde, war neben dem Geburtsmoment meiner Kinder das größte Glücksgefühl meines Lebens …

… Und wieder war eine mentale Grenze überwunden…

G: Glaube an Gott – dann an Dich selbst

»Wenn euer Glaube also stark bleibt, nachdem er durch große Schwierigkeiten geprüft wurde, wird er euch viel Lob und Herrlichkeit und Ehre einbringen …« (1. Petrus 1:7; Neues Leben Bibelübersetzung)

1961 ich erblickte das Licht der Welt. Ich sah zum ersten Mal meine Mutter und meinen Vater. Mein Vater hat mich buchstäblich auf Händen von Liebe und Fürsorge durch das Leben getragen. Er sang mir »Gute-Nacht-Lieder, als ich ein Baby und Kleinkind war. Er brachte mir alle lebens- und überlebenswichtigen Werte wie Liebe, Treue, Zuverlässigkeit, Ordnung, Ehrlichkeit, Fleiß, Freundlichkeit, Christlichkeit und Nächstenliebe zu allen Menschen (unabhängig von Alter, Geschlecht, Herkunft, Erziehung, Bildung, Hautfarbe, Nationalität, Religion, Ethnischer Herkunft oder Behinderung), Hilfsbereitschaft und Respekt bei. Und diese Liste ließe sich noch unendlich lange fortsetzen. Er schenkte mir nicht nur seine väterliche Liebe und exzellente Erziehung, sondern auch Emotionen, Familiensinn sowie einen sehr gesunden Pragmatismus, Mut, Unempfindlichkeit, Sicherheit und Selbstbewusstsein.

Wenn ich die von ihm im Elternhause gesetzten Regeln und Grenzen deutlich überschritt, dann wurde ich auch gehörig bestraft. Mit Kritik, lautem Ton und auch Schlägen. Aber es ging immer gerecht zu. Wenn ich Schläge bekam, hatte ich sie auch »verdient«.

Mein Vater lehrte mich nicht nur »richtig und falsch, gut und böse«, er machte mich überhaupt richtig lebens- und überlebensfähig. So brachte meine Mutter mir mit fünf Jahren das Schwimmen und mein Vater mit fünf Jahren das Radfahren bei. Mit zwei Jahren schlief ich zum ersten Mal im Wald. Mit sechs Jahren lernte ich in unserer Jagdhütte Holz hacken und Feuer machen. Mit sieben Jahren ging ich mit meinen Eltern zelten. Mit acht Jahren lernte ich in Schweden fischen und Fisch ausnehmen und filettieren. Mit dreizehn war ich Rettungsschwimmer und mit vierzehn lernte ich mit meinem Vater schießen. Auch durfte ich mit zehn bis vierzehn Jahren schon als Treiber bei der Jagd mitgehen und konnte Wild aufbrechen und auf dem Feuer zubereiten.

Mit fünfzehn brachte mir mein Vater bei, topografische Karten und auch einen Kompass so genau zu lesen, dass ich mich – auch ohne Navigationssystem – auf der ganzen Welt orientieren konnte. Das Klavier spielen haben mich meine Mutter und ein privater Klavierlehrer gelehrt. Aber die Liebe zur Musik, hunderte von Liedern, und die Liebe zu Fremdsprachen und die Fähigkeit, zu allen Menschen eine Verbindung aufzubauen, hat mir wieder mein Vater beigebracht. Er war einfach so genial, dass ich mir NIE einen besseren Papa hätte wünschen können. Mein Vater war immer für mich da, in der Schule, während der Ausbildung, im Beruf, bei der Partnerwahl, bei meiner Familiengründung – einfach IMMER, wenn ich seinen Rat und Tat brauchte.

Dann passierte es. 1990 kam er ins Krankenhaus, 1991 die Diagnose – Blasenkrebs. 1992 die unvermeidliche Operation und am 06.09.1992 starb er in den Armen meiner Mutter. Ich war damals in den Endzügen meines BWL-Studiums und schrieb gerade meine Diplomarbeit. Mein Vater hatte diese Diplomarbeit noch im Krankenhaus gelesen und mir gute Tipps, Verbesserungsvorschläge und Motivation gegeben. Und drei Tage später war er tot.

Ich erinnere mich: Als ich von seinem Tod erfuhr, war ich körperlich derartig erschlagen, als hätte mir jemand das Herz herausgerissen. Die ganze Welt brach unter mir zusammen. Ich konnte tagelang nichts essen, nichts trinken. Ich war selbst wie tot. Kein Mut, keine Kraft, keine Hoffnung mehr. Ich konnte nicht mehr denken und nicht mehr arbeiten. An eine Fortsetzung des Studiums und der Diplomarbeit war für mich nicht zu denken. Ich war am Ende. Es folgt ein Zitat mit unbekannter Quelle:

»Wir mögen oft denken: 'Das ist zu viel für mich. Das pack ich nicht mehr'. Aber Gott weiß mehr als wir. Wir sehen nur von A – B; Gott sieht von A – Z. Und: Gott kennt uns besser, als wir uns selbst kennen. Gott mutet uns nicht zu viel zu. Vergessen wir auch nicht: Wir sind schwach. Unser Gott ist stark. Unser Glaube ist schwach. Wir aber glauben an einen starken Gott.

Nichts ist zu viel für uns

Bereits im ältesten Buch der Bibel, Hiob, wird klar, dass der Teufel nur tun darf, was Gott zulässt (Hiob 1:12; Hiob 2:6). Das ist bei Ihnen nicht anders. Und da Gott Sie mehr liebt, als Sie sich selber lieben, dürfen Sie sicher sein, dass Gott nichts zulässt, was zu viel für Sie wäre.

Aber es tut so weh ...

... Glauben Sie und vertrauen Sie Ihrem himmlischen Vater.

Und während Sie warten, bauen Sie Ihre persönliche Beziehung zu Gott immer weiter aus.

Wie?

Über Gott in der Bibel lesen und alles mit Gott besprechen.

Und was soll ich lesen?

Beispielsweise den Römer-Brief und das Johannes-Evangelium.«

Zitat Ende.

Ich habe an Gott geglaubt, zu ihm gebetet und ihn um Hilfe gebeten. Was ich jetzt schildere, muss dem Leser wie ein Märchen vorkommen und doch ist es die ganze Wahrheit. Ich betete und wartete. Und etwa sieben Tage nach seinem Tod hatte ich eine Erscheinung. Ich stand am Eingang des Biebricher Schlossparks in Wiesbaden und war verzweifelt, weil ich für meine Diplomarbeit keinen Mut und keine Kraft mehr hatte. Obwohl die Diplomarbeit und auch das ganze Studium doch schon zu 85% fertig gestellt waren.
In diesem Moment der totalen Hilflosigkeit und Verzweiflung trat eine Person in der Gestalt meines Vaters neben mich, legte mir die Hand auf die Schulter und sagte mir mit fester Stimme: »Junge, du schaffst das schon ...« Dieses Ereignis hat mir dermaßen viel Kraft und Energie gegeben, dass ich wieder anfing zu schreiben und zu arbeiten …
Drei Monate später war die Diplomarbeit fertig.

H: Helmut Kohl und Gerhard Schröder

Man kann über Helmut Kohl sagen, was man will. Ich denke, die meisten Leute werden ihn wie folgt bewerten: Wiedervereinigung => positiv ... und Spendenaffäre => negativ.

Es geht hier auch überhaupt nicht um Politik. Ich möchte mich mit diesen Zeilen auch weder der deutschen CDU noch der deutschen SPD noch den sogenannten »Gelben« oder den »Grünen«, auch nicht den Linken und auch nicht der AfD anschließen, geschweige denn Werbung für sie machen. Aber die deutsche Wiedervereinigung 1989 war ein historisches Ereignis. Helmut Kohl, der sich selbst und den auch andere als Enkel Adenauers bezeichnet haben, hatte eine Vision. Schon seit den 1970ger Jahren träumte er von einem starken, geeinten Europa mit einem europäischen Parlament, der Aufhebung europäischer Grenzen und einem freien, grenzüberschreitenden Waren- und Personenverkehr. Im Zentrum dieses geeinten Europas sah Kohl die früheren Kriegsgegner Frankreich und Deutschland als Verbündete. Auch wollte er vielfach Grenzen überwinden:

- Mentale Grenzen (Vorurteile z.B. der Franzosen gegenüber den Deutschen und umgekehrt mussten abgebaut werden)
- Grenzen des Warenverkehrs
- Grenzkontrollen des Personenverkehrs
- Unterschiedliche Währungen (der Französische Franken, die deutsche Mark)
- Sprachliche Grenzen
- Zollgrenzen mit ihren bürokratischen Hemmnissen z.B. Ausfuhrerklärungen

Kohl begann seine politische Karriere 1960 als CDU-Stadtrat und war schon 1966 Landesvorsitzender der CDU in Rheinland-Pfalz. Erst 23 Jahre später erreichte er durch geschicktes diplomatisches Agieren im Oktober 1989 die Wiedervereinigung Deutschland. Und in seiner Amtszeit fiel auch 1986 die Unterzeichnung der europäischen Akte EEA, die faktisch den europäischen Binnenmarkt vorbereitete. Helmut Kohl hatte also zwei große Träume. Zum einen – in der Fortsetzung der Politik Adenauers – die europäische Einigung, zum anderen die deutsche Wiedervereinigung. Beide Träume erschienen 1966 als ABSOLUT UTOPISCHE VISIONEN. Alle Gegner, Zweifler, Zögerer und Bedenkenträger im In- und Ausland sagten damals: Ein geeintes Europa und ein wiedervereinigtes Deutschland – DAS WIRD ES NIE GEBEN. Das Ausland hatte ja – aus historisch berechtigten Ängsten heraus – auch überhaupt kein Interesse an einem wiedervereinigten Deutschland.

DA WAR SIE ALSO WIEDER – DIE MENTALE GRENZE. Und die physische Bundesaußengrenze. Nach Westen zu allen freiheitlich demokratischen Nachbarn, die aber trotzdem nur mit Personalausweis und Ausfuhrpapieren überquert werden konnte. Nach Osten gab es die Grenze zur DDR, zu Polen, zur Sowjetunion mit Mauer, Minen, Stacheldraht, Todesautomaten und Schusswaffengebrauch durch die kommunistischen geprägten Diktaturen der Warschauer-Pakt- Staaten.

Als Zeitzeuge und BRD-Staatsbürger der Jahre 1961 (Mauerbau) bis 1989 (Wiedervereinigung) hatte ich selbst, ob des DDR Regimes und der sowjetischen Machtausübung, einen Abriss der Berliner Mauer und eine Grenzöffnung der DDR nach Westen damals für undenkbar gehalten .... UND DOCH SIND SIE GEKOMMEN: DIE EUROPÄISCHE UNION UND DIE WIEDERVEREINIGUNG DEUTSCHLANDS.

Dass der Ruf Helmut Kohls durch seine Machtpolitik und die Parteispendenaffäre erheblich gelitten hat, ist natürlich ebenso ein unbestrittener Fakt. Aber das ist eine andere Geschichte.

Auch Gerhard Schröder hatte eine große Aufgabe. Aufgrund der anhaltend exorbitanten Arbeitslosigkeit musste er die Wirtschaftspolitik der Bundesrepublik Deutschland einer drastischen Strukturreform unterziehen. Seine quasi aus der Not heraus geborene Vision hieß »Agenda 2010«. Diese Vision wurde jedoch nicht 20 Jahre lang entwickelt und weiterverfolgt, sondern sie entstand viel schneller. Im Jahr 2003 verzeichnete Deutschland die drittgrößte Arbeitslosenzahl in der Nachkriegsgeschichte mit bereinigt 5,2 Millionen Arbeitslosen und 13,6% Quote. Im Westen waren es ca. 10%, im Osten sogar ca. 20%. Aus dieser wirtschaftlichen Schieflage heraus schuf Gerhard Schröder das größte Sozialreformpaket der BRD.

Die Agenda 2010 war eine innenpolitische Rettungsaktion oder eine Vision mit den folgenden Inhalten:

1. Arbeitslosengeld für Menschen unter 55 Jahre => nur noch für maximal 12 Monate
2. Arbeitslosengeld für Menschen über 55 Jahre => nur noch für maximal 18 Monate
3. Krankheitskostenreform mit Rezeptzuzahlungen
4. Einführung von Hartz IV für Langzeitarbeitslose
5. Nachzuweisende Mitwirkungspflicht der Arbeitssuchenden, sonst Streichung des Geldes
6. Senkung der Lohnnebenkostenquote
7. Lockerung des Kündigungsschutzgesetzes
8. Kürzung von ABM-Maßnahmen
9. Einführung der Ich AG

Die Einführung eines solchen Sparpaketes mit derartig massiven Sozialeinschnitten war eine unüberwindliche Grenze, besonders für eine sozialdemokratische Partei, die in Koalition mit den Grünen (Joschka Fischer) regierte. Trotzdem wurden die Reformen von 2003 bis 2005 von der oben genannten Regierung umgesetzt. Insofern hat auch Gerhard Schröder »alle mentalen Grenzen« eines sozialdemokratischen Parteivorsitzenden und eines SPD-Bundeskanzlers durchbrochen. Er forderte »lieber massive Einschnitte in der sozialen Marktwirtschaft, als dem schlechten Geld einer maroden Wirtschaftspolitik (der Regierung Kohl – so behauptete er) noch weiter gutes Geld in Form von Subventionen hinterherzuwerfen.«

Die bahnbrechendste außenpolitische Entscheidung in der Amtszeit Schröders war der komplette Verzicht, in irgendeiner militärischen Form in den Irak-Krieg einzugreifen – obwohl dies von den Verbündeten USA und Großbritannien massiv eingefordert wurde. Diese militärische Neutralität und Zurückhaltung hat George Bush Herrn Schröder sehr übel genommen. Für das deutsche Volk jedoch ist Herr Schröder dadurch als Friedenskanzler in die Geschichtsbücher eingegangen. Diese Loslösung, Nichtbeteiligung am Krieg und somit Abkopplung von »Amerikas Machtpolitik und Weltpolizei« war ebenfalls die Überschreitung einer mentalen Grenze. Zuvor hatte die CDU-Regierung immer versucht, dem US-amerikanischen Bündnispartner alles recht zu machen.

Gerhard Schröder wurde im Jahre 2005 – wegen seiner Reformen – abgewählt. Obwohl er laut der Presseblätter FAZ und Spiegel der widersprüchlichste Kanzler der BRD und ein gnadenloser Selbstdarsteller war, haben viele ihn sehr geschätzt. Sogar das Magazin die Zeit urteilte im Jahr 2010: »Im Nachhinein war die Agenda 2010 von Gerhard Schröder ein Erfolg«. (vgl. Joachim Müller/Ulrich Walver, Die Zeit, 2010)

I: Ins Eiswasser springen und mit den Seehunden schwimmen

Was ist die größte Herausforderung, der Sie jemals begegnet sind? Which one was the greatest Thrill, the greatest challenge, the biggest threat, you had to go through? Was war das größte Risiko, die größte Gefahr, das größte Abenteuer, auf das Sie sich bewusst eingelassen haben?
Für die einen ist es ein Feuerlauf, für die anderen ein Fallschirmsprung, für die nächsten ein Bungee-Jump und für wieder andere eine »Mount Everest Besteigung«. Im Jahr 2004 war für mich »mit den Seehunden schwimmen« ***das große Abenteuer***. Meine erste Erfahrung dieser Art geht zurück auf das Jahr 1997. Damals legte ich meine Brille am Strand von Sheep Pond Beach an der Südostküste von Prince Edward Island ab, weil ich sie nicht im Meer verlieren wollte. Ich schwamm dann ca. 1,5 Kilometer weg von der Küste hinaus aufs Meer und hielt mich dann – in dieser Entfernung – strampelnd weiter im Wasser auf. Ich beobachtete den Strand von der Ferne aus und versuchte, trotz meiner Kurzsichtigkeit irgendwo am Ufer meine kanadische Freundin zu entdecken, die fast immer in einem Son-

nenstuhl am Ufer zurückblieb. Als ich sie nirgendwo am Ufer erblicken konnte, begann ich aus Übermut im Meerwasserständig unter- und wieder aufzutauchen. Weit und breit war ich der einzige Schwimmer. Nachdem ich dort so drei-, viermal untergetaucht war, sah ich neben mir plötzlich einen Kopf mit zwei großen braunen Knopfaugen aus dem Wasser ragen. Was war das?
Ich erschrak und tauchte unter – und wieder auf. Das ETWAS neben mir tat genau das – mir nach. Runter unter Wasser – und wieder rauf. Mangels meiner Brille konnte ich nichts Konkretes erkennen, außer dass es sich um einen kahlen, nackten, nassen Kopf handelte, der immer wieder neben mir, vor mir und hinter mir auftauchte.
Verunsichert, langsam und vorsichtig schwamm ich wieder zurück ans Ufer. Als ich nur noch ca. 200 Meter vom Strand entfernt war, lief eine Gruppe von Kanadiern mir schon vom Strand her aufgeregt entgegen. Man muss dazu sagen, dass erwachsene Kanadier in dieser Region eigentlich NIE zum Schwimmen ins Wasser gegangen sind. Ihnen war es immer zu kalt gewesen, außer es war ein sehr heißer Augusttag oder es waren Kinder. Sie winkten, lachten und zeigten immer wieder auf meinen »Freund«, der mir unermüdlich gefolgt war. Sie riefen: »Look, there is crazy Hans. He is swimming with the seals.«
Jetzt ging mir ein Licht auf. Ein Seehund hatte mich begleitet und mir ständig alles nachgemacht.
Sieben Jahre später war ich wieder in kanadischen Gewässern zum Schwimmen. Diesmal nicht in Prince Edward Island wie all die Jahre zuvor, sondern in Nova Scotia, auf dem Cage Breton Trail. Das ist ein pittoresker Rundkurs, den man von Halifax aus bequem in fünf Tagen abfahren kann. Die Route bietet die malerische Schönheit des

»schottischen« Hochlandes mit der ständigen Chance, Wale, Delfine, Weißwedelhirsche und auch Kojoten in freier Wildbahn zu sehen. Nach zahlreichen früheren erfolgreichen »Whale Watching Tours« hatte ich es jetzt auf ein neues Seehund-Schwimm-Erlebnis abgesehen.
Es war im September des Jahres 2004 inmitten des sogenannten Indian Summers. Die Tage sind dann oft noch sonnig warm. Die Nächte sind schon oft empfindlich kühl, aber das Herbstlaub schimmert oft in 1000 märchenhaften Farben. »August is my swimming time« war 1996 bis 2000 der Standardspruch meiner kanadischen Freundin in allen übrigen Monaten des Jahres gewesen, in denen ich im Meerwasser schwamm und sie nicht. Denn im August hatte das Wasser dort 20 bis 22 Grad und wärmer als 22 Grad wurde es dort oben nie. Im September waren es wohl nur noch 16 Grad Wassertemperatur – auf Prince Edward Island. An der nördlichen und kühleren Küste Nova Scotias zeigte das Wasserthermometer aber nur noch 10 bis 13 Grad. Und ohne Neopren ist das EISWASSER!

Ich habe als Marineoffizier gelernt, dass man in 7 Grad kaltem Wasser maximal 7 Minuten überleben kann. Danach ermüdet der Körper wegen Unterkühlung, stellt die Bewegung ein, und ohne fremde Hilfe bedeutet das den sicheren Tod.
Also, ich kann Ihnen aus Erfahrung sagen, 12 Grad kaltes Wasser ist auch nicht viel wärmer. Nichtsdestotrotz, in einer einsamen Bucht des Cape Breton Trail, sah ich sie, eine Gruppe von Seehunden – mittelgroß, kräftig, dynamisch und elegant. Sie schwammen und tauchten mit einer Leichtigkeit, dass es eine helle Freude war, ihnen zuzusehen. Doch das reichte mir nicht. Ich dachte mir: *Was die*

können, kannst du auch. Ich stieg also in das Eiswasser und schwamm munter auf sie zu. Ich war seinerzeit immer sehr mutig gewesen und als Ex-Triathlet fühlte ich mich fit wie ein Fisch im Wasser. Denn das Schwimmen war meine beste Disziplin gewesen. Als ich ca. 500 Meter auf die Seehunde zugeschwommen war, tauchten rings um mich her immer mehr Seehunde auf. Anfangs waren es drei bis fünf, dann zehn, dann zwanzig. Ich zählte siebenundzwanzig und war überwältigt von dem unbeschreiblichen Glück, (fast) ein Teil ihrer großen Herde zu sein.

Mitten in dem sagenhaften Erlebnis, mit einer Herde von Seehunden im Eiswasser zu schwimmen, zu tauchen, zu spielen, mit ihnen herumzutollen und das pure Glück der maritimen Wildnis Kanadas zu erleben, da geschah es … Wie aus dem Nichts tauchte vor mir ein riesiger Seelöwe auf. Mit langen Stoßzähnen und grauem breiten Schnurrbart ... der ALTE. Er stieß einen rothirschähnlichen tiefen Laut aus, um mir seine Macht zu zeigen. Meine Herz rutsche buchstäblich in die Hose und ich bekam es mir der Angst zu tun. Ich fürchtete, er würde mich mit seinen Stoßzähnen angreifen, um seine Herde zu verteidigen.

Ich wich zurück. Das hieß, ich bewegte mich ganz langsam 10 bis 15 Meter rückenschwimmend rückwärts – immer Auge in Auge mit dem ALTEN. ER war der Chef der Herde und machte mir das auch unmissverständlich klar. Schwamm ich zurück, so kam er mir nach, aber Gott sei Dank immer nur so ca. 20 Meter. Er wollte mich zurückdrängen und eine Sicherheitszone für seine Herde schaffen. Er war vorne – das Alpha-Tier. Alle anderen Seehunde waren hinter ihm.
Sobald ich weit genug weg war, um seine Herde nicht zu gefährden, das war ca. bei einem Abstand von 25 bis 30 Metern der Fall, dann ließ er mich in Ruhe. Sobald ich jedoch wieder in die Nähe der Herde kam, baute er sich wieder vor mir auf. Er fixierte mich aus seinen dunklen Augen und schien zu sagen: »Bis hierhin und nicht weiter. An mir kommst du nicht vorbei.«
Ich zeigte ihm Respekt, indem ich immer wieder vor ihm zurückwich. Und so demonstrierte ich ihm und seiner Herde anscheinend das Gefühl von Gefahrlosigkeit. Dabei war die Lage für mich LEBENSBEDROHLICH. Durch dieses Seelöwenerlebnis musste ich so 15 bis 20 Minuten im Eiswasser bleiben. Aus Angst, Aufregung und dank Adrenalin spürte ich die Kälte in der augenblicklichen Situation nicht. Aber anschließend brauchte ich mit Decken, Feuer und Wollpullovern ca. drei Stunden, um auch nur annähernd wieder auf meine Körpertemperatur von 37 Grad zu kommen.

Den »ALTEN« Seelöwen und seine Augen werde ich nie vergessen.

J. Jogi Löw und Jürgen Klinsmann

Was haben diese beiden Fußballautoritäten mit mentalen Grenzen zu tun und was wollten sie erreichen? Was war deren Ziele?

Wir können nicht sagen, sie wollten als Trainer die Fußballweltmeisterschaft gewinnen. So einfach ist es nicht. Jürgen Klinsmann wurde von der der Zeitung FAZ als der »Erschaffer des neuen deutschen Fußballs« und Jogi Löw als »Vollender des deutschen Fußballaufstiegs« gewürdigt. Als Trainerteam erreichten sie nach nur zwei Jahren erfolgreicher Kooperation bei der Fußballweltmeisterschaft in Deutschland in 2006 den 3. Platz (vgl. Film »Deutschland – Ein Sommermärchen«). 2014 holte Joachim Löw, der 2006 die Nachfolge von Bundestrainer Jürgen Klinsmann angetreten hatte, in Brasilien den WM-Titel. Er setzte zehn Jahren Arbeit in Form von Entwicklung, Verjüngung und Dynamisierung des deutschen Fußballs die Krone auf. Und Deutschland gewann am Ende dieses lang andauernden Prozesses den vierten Weltmeisterschaftstitel im Fußball.

Auch diese beiden Männer hatten Visionen – und selbstverständlich tauchte mit der Vision vom WM-Titel sofort und zugleich auch die mentale Grenze auf. WM-Titel? Unmöglich! Selbst dann, wenn Deutschland immer eine große Fußballnation war, da gab es eben immer auch noch Italien, England, Frankreich, Spanien, Portugal und Ronaldo. Diese hatten schon 2004 bis 2014 einen schnelleren, besseren, effektiveren Fußball gespielt. Brasilien war schon immer eine ganz große Nummer gewesen. Und hatte dazu noch den Heimvorteil mit einer zigtausend Mann starken Fangemeinde und sie hatten Neymar. Neymar da Silva Santos Junior.

Jeder von den 32 WM-Teilnehmern wollte den WM-Titel haben. Auch Außenseiter wie Kroatien, Irland und Mexiko schlugen sich zu Beginn sehr gut. Darüber hinaus gilt: Seit dem modernen schnellen europäischen Fußball der 2000er Jahre mit einem gigantischen Transfermarkt und ständigen länderübergreifenden Spielerwechseln, der Globalisierung und der Internationalisierung gibt es keine schlechten Fußballweltmeisterschafts-Teilnehmer mehr. Selbst Algerien, Bosnien und Kamerun haben viel besser gespielt, als wir gedacht haben. Auf der anderen Seite haben bekanntere und besser platziertere Fußballnationen wie Niederlande, England, Spanien, Italien und Portugal und die Schweiz eher enttäuscht.

Aber Jürgen Klinsmann wollte primär nicht den WM-Titel. Er wollte den deutschen Fußball erneuern. Er wollte mehr! Mehr Kraft, mehr Schnelligkeit, mehr Ausdauer, mehr Physis, mehr Tempo, mehr Dynamik, mehr Passion. Diese Trainingslehre der Physical Power hatte er aus seiner Fußballberaterzeit in den USA mitgebracht. Außerdem war Klinsmann – für einen Schwaben – hochemotional. Er er-

weckte die Leidenschaft und den Teamgeist im deutschen Fußball neu.
Joachim Löw, der nach dem relativ überraschenden Rücktritt von Klinsmann nach der WM-Drittplatzierung 2006 den Cheftrainerposten von Klinsmann übernahm, hatte eine andere Vision. Löw wollte schnellen, taktischen, ja fast strategischen Fußball. Die zeigte sich unter anderem an den im Spiel ständig von links nach rechts wechselnden Außenspielern und einer nach vorne und nach hinten arbeitenden »Doppelten Sechs« oder auch »falschen Sechs«, die dann unerwartet überwiegend nach vorn arbeitet. Dieser Fußballtrainer spielte auch immer und immer wieder alle Optionen zur Besetzung der Positionen durch. Löw ist ein rationaler Typ. Ein Schachspieler, ein Stratege … Klinsmann war der Physistrainer, der emotionale Typ, der Leidenschaft wecken und die mentale Grenze (das schaffen wir eh nicht) motivational überwinden konnte. Klinsi erneuerte das Handeln, Jogi erneuerte das Denken. Löw entwickelte sogar ein strategisches Denken der Spieler. Er analysierte und innovierte die taktischen Spielzüge immer wieder aufs Neue.
Für eine derartige Revolution und Evolution waren zwei Jahre zu kurz. Daher konnte es das Duett Klinsmann / Löw auch in 2006 noch gar nicht bis zum Titel schaffen. Nichtsdestotrotz zeigt der Film »Deutschland – ein Sommermärchen« eindrucksvoll und authentisch, mit welcher Intensität Klinsmann sich auf dem Weg zum Titel voran gearbeitet hat.
Im Quartett der großen Vier hatte Spanien nicht nur die Europameisterschaften (2008 gegen Deutschland) und (2012 gegen Italien), sondern 2010 auch noch den WM-Titel gewonnen. Abgesehen davon holten Real Madrid und

der FC Barcelona zwischen 2005 und 2015 nicht weniger als sechs Mal den Titel der UEFA Champions-League. Bei diesen Voraussetzungen schien es im Jahr 2014 historisch zunächst unmöglich, einen derartigen Fußballgiganten wie Spanien von Thron zu stürzen.
Und doch: Mit viel Geduld, Geschick, Strategie und Taktik ist es Joachim Löw 2014 gelungen.

K. Kinderwunsch mit 50

Für viele Leute mag das völlig irrsinnig klingen – sie denken sich wahrscheinlich: Was will denn der alte Mann noch Kinder in die Welt setzen? In Deutschland herrscht die Meinung vor: Kinder sind nur ein Ballast. Kinder kosten viel Zeit, kosten viel Geld, Kinder sind anstrengend, kompliziert und mega-anspruchsvoll. Mensch, in deinem Alter, da solltest du dich auf Entspannung, Ruhe, Erholung oder Schuldentilgung des Hauses konzentrieren. Willst du jetzt noch einmal Windeln wechseln, dir die Nächte um die Ohren schlagen, Fläschchen, Brei kochen, Geschrei anhören den ganzen Tag?
Meine Freunde, Bekannte, ältere Familienmitglieder und selbst meine Mutter ließen folgende Kommentare zu meinem Kinderwunsch ab: »Du hast doch schon zwei Kinder, eins ist 23 Jahre alt, hat jetzt endlich zwei gute Berufsausbildungen als Versicherungsfachmann und Industriekaufmann und kann sich seit eben einem Jahr gerade erst selbst versorgen. Der andere Sohn ist 15, ist gerade halb heraus aus der Pubertät, ein guter Schüler und es läuft gut mit in seiner schulischen Entwicklung – bis auf das weitverbreitete Phänomen, dass er in Mathe nicht alles versteht. Du als

Vater musst ihm immer wieder erklären, dass das Lernen sich doch irgendwann auszahlt, und nicht nur Quatsch machen. Nun hat auch dieser, der zweite Sohn, es gerade halbwegs verstanden, scheint in der Spur zu laufen mit Schule, Fußballverein, und das Thema »die erste Freundin« ist auch schon durch. Der inzwischen schon 20-jährige Sohn meiner Ehefrau in Serbien hat auch schon zwei Berufsausbildungen erfolgreich absolviert und glänzt aktuell mit guten Leistungen in seinem technisch-anspruchsvollen Studium. Also im Grunde genommen hatten wir es geschafft mit der Erziehung – und wir sind sehr stolz auf alle unsere Kinder, dass sie so gut geraten sind, Jetzt könntest du doch endlich mal entspannen und dein Leben genießen und dreimal pro Jahr Urlaub machen – und JETZT willst du NOCH EIN KIND? Da fängt ja der ganze Stress wieder von vorne an. Bist du verrückt?«

Weitere Zitate von den sogenannten Freunden:
»Mensch, ich erzähl dir jetzt mal was: Da war so ein Typ wie du, der hatte eine junge Frau, die wollte unbedingt noch Kinder – der Mann wollte nicht, aber hat es dann doch probiert. Und schwupp – dann haben die Zwillinge bekommen. Der Super-GAU. Dann war's vorbei mit der Ruhe. Willst du dir das echt nochmal antun, in diesem Alter? Die Leute sagen dann alle, guck mal, da ist der Opa von dem Kind – und du bist doch eigentlich der Papa, traust dich aber das nicht zu sagen, weil das vielleicht peinlich ist. Aber wie peinlich ist das erst für das Kind? So einen alten Vater zu haben? Außerdem werden alle anderen Eltern und die Erzieherinnen sagen: Guck mal, heute kommt der Opa wieder das Kind aus dem Kindergarten abholen. Und wie geht dann das weiter? Wenn das Kind,

dann 20 ist, dann bist du 70 oder vielleicht schon tot … Wie soll das werden? Wer soll das bezahlen? Weißt, du was ein Kind heutzutage kostet? Nachrichtenmagazine wie SPIEGEL, FOKUS und STERN haben unlängst ausgerechnet, dass ein Kind von der Geburt bis zum Ende des Studiums oder der Berufsausbildung zwischen € 180.000,- und € 250.000 kostet. Kannst du dir das überhaupt leisten? Willst du nicht endlich das Leben genießen, und dein Geld mal wieder für dich ausgeben, als immer alles in die Ausbildung der Kinder investieren zu müssen?«
Meine Antwort : »Ja, ich will. Ich habe 5 Jahre lang immer zu Gott für ein Kind gebetet.«
Kinder sind für mich ein Gottesgeschenk. Sie sind ein Produkt der Liebe. Sie zeigen große Dankbarkeit für jede Zeit, die man ihnen schenkt. Sie sprühen vor Lebensfreude, Freiheitsdrang, Kreativität und Leben. Kinder bereichern uns und unsere Seele. Sie sind (zunächst) unverdorben, glücklich, traurig, trotzig, launisch, wild, wütend, sauer und fröhlich – innerhalb von nur wenigen Minuten.
Sie entdecken mit uns und wir mit Ihnen jeden Tag die Welt neu und ihre Welt ist voller Wunder. Eine Kuh, bei der tatsächlich Milch aus dem Euter kommt.

Hier ein Bagger, dort ein Autobus, da eine Pflaume, hier eine Weintraube, dort ein Apfelbaum. Eine Ente, eine Gitarre, ein Lied, ein Buchstabe, eine Zahl, der Wind, die Herbstblätter, die durcheinanderwirbeln. Ein Regenbogen. Holz hacken. Feuer machen. Aus DUPLO-Steinen Häuser bauen, ein Vogelhaus montieren, einem Eichhörnchen zusehen, das den Baum hochklettert. »Guck da, Papa, Eichhööööhnchen.«

Wenn du drei Tage nicht zu Hause warst, und dann endlich wieder in dein Heim kommst und dein 2-jähriges Kind an der Tür auf dich wartet, »Papa« ruft, freudenstrahlend auf dich zurennt und »Aaaaaarmschoooooooss« schreit (was so viel bedeutet wie: Papa, küss mich, nimm mich in deine Arme, setzt mich auf deinen Schoß und lass mich nie mehr los) => => => dann weißt du, warum du auf dieser Welt bist.

Ich habe mich oft gefragt, ob sich lohnt. Die durchwachten Nächte, wenn der kleine Mensch Angst hat, Zähne bekommt, Bauchweh, Fieber oder Durchfall hat, wenn er viermal nachts aufwacht, man immer nur zwei Stunden am

Stück schläft – und doch morgens wieder zur Arbeit muss. Und die Antwort lautet: Ja, es lohnt sich. Ich möchte meine Kinder nicht einen Tag vermissen. Kinder waren und sind der größte Reichtum dieser Welt!

Doch wie kam es eigentlich dazu? Ein gesundes Kind mit 50 zeugen – ist das so einfach?

Nun, das war es keineswegs. Seit dem 48. Lebensjahr hatten meine junge Frau und ich es immer wieder probiert mit dem Kinderkriegen. Aber es hatte zunächst jahrelang nicht funktioniert. Wir gingen zum Männerarzt und zum Frauenarzt und unterzogen uns allen möglichen Untersuchungen, Tests und Behandlungen, bei denen uns immer wieder versichert wurde, wir beide seien gesund und zeugungsfähig. Das hätten meine Frau und ich durch ihren erwachsenen Sohn und ich durch meine zwei großen Söhne ja schon bewiesen. Trotzdem klappte es nicht. Später haben wir medizinisch »Himmel und Hölle« in Bewegung gesetzt, und immer wieder noch neue und weitere medizinischen Maßnahmen durchgeführt – erfolglos.

Auch probierten wir Kräutertees, Hebammentipps und alternative Bio-Medikamente aus. Wir wechselten die Ärzte und die Länder, in denen man uns untersuchte und therapierte. Nach allen erfolglosen Versuchen der Behandlung durch sechs deutsche Ärzte und in einem deutschen Kinderwunschzentrum entdeckten wir DEN Kinderwunschexperten in Serbien, Dr. Savo Bojovic, der schon 70 Jahre alt war. Er hatte zuvor in Schweden, in der Schweiz und in Deutschland geforscht und gearbeitet und hatte 45 Jahre Erfahrung in der Behandlung kinderloser Paare. Heute führen sein Sohn Dr. Djordje Bojovic als Männerarzt und seine Schwiegertochter Tanja Bojovic als Frauenärztin und

Gynäkologin die private Kinderwunschpraxis in Belgrad weiter …

Dr. Bojovic senior sagte uns seinerzeit, er werde uns untersuchen, uns therapieren und uns behandeln wie seine eigenen Kinder. Er würde alles in seiner Macht Stehende tun, um unseren Kinderwunsch zu erfüllen.

Er stellte bei meiner Frau und bei mir gewisse Ursachen fest, die eine Schwangerschaft bisher langjährig verhindert hatten. Er behandelte jeden von uns für jedes Problem separat einmal im Herbst mit Medikamenten und manueller Therapie und bat uns im März/April des Folgejahres, zu einer vierzehntägigen Behandlung mit stationärem Aufenthalt nach Banovci wiederzukommen.

Seine Mini-Privatklinik war sogar dafür vorgesehen, dass kinderlose Paare hier gemeinsam ein Zimmer buchen konnten, um längerfristig und unter ärztlicher Beobachtung behandelt zu werden.

Als wir uns im darauffolgenden Frühling zur Behandlung mit Klinikaufenthalt extra Urlaub genommen hatten und bei ihm für die die zweite Stufe der Therapie vorstellig wurden, sah er meiner Frau in die Augen und sagte ihr (nur durch Augendiagnose): »Was wollen Sie hier noch einmal? Sie sind doch jetzt schon schwanger.«

Wir glaubten ihm zunächst nicht und machten daraufhin in den folgenden Tagen gleich drei Schwangerschaftstests, eine Blutuntersuchung und eine frauenärztliche Untersuchung. Alle fünf Ergebnisse waren positiv.

Die Schwangerschaft verlief problemlos und die Geburt verlief normal und positiv. Die natürliche Geburt war ein wahnsinnig beglückendes und verbindendes Erlebnis für uns beide. Nie haben wir vor Freude mehr geweint. Es hat mich sehr stolz gemacht, dass meine Frau, die zunächst fürchtete, ich würde im Kreissaal bei der Geburt kollabieren, hinterher gesagt hat: »Du warst die einzig richtige Hilfe da bei der Geburt. Die Krankenschwestern waren alle zu jung und unerfahren. Und ohne dich hätte ich das nie so gut geschafft.«

Nach jahrelangem Hoffen hat Gott unsere Gebete erhört und uns 2014 einen gesunden Sohn geschenkt.

Nochmal Papa mit 53. Warum nicht? Das geht viel besser als mit 23 …

- Unser kleinster Sohn war und ist die Krone unserer Liebe und das größte Glück unseres gemeinsamen Lebens.
- Er bereichert uns ebenso wundervoll wie unsere bisherigen Kinder.
- Jedes unserer Kinder hat uns reifer, weiser und glücklicher gemacht.

L. Liebe kennt keine Grenzen

Haben Sie sich schon mal grenzenlos verliebt? Mit Sicherheit. Aber ich meine nicht grenzenlos, sondern grenzüberschreitend … Also mir persönlich ist das dreimal so passiert.

Das erste Mal war es in Mexiko 1984. Ich war damals 23 Jahre alt, hatte gerade einigermaßen radebrechend Spanisch gelernt, da lernten mein Freund Bernd Schwinger und ich auf dem Weg von La Paz, Baja California, nach Mazatlan zwei Mädels kennen. Wir hatten eine Schiffspassage gebucht und glitten mit vielleicht 15 Konten in den Sonnenuntergang des Golf von Mexiko.

Südliche Gefilde, Musik, eine laue Sommernacht und die Liebe lag förmlich in der Luft. Als mein Kumpel Bernie und ich an der Reling standen und in die Abendsonne blickten, da traten sie zu uns – Linda und Mayra. Es waren zwei mexikanische Schönheiten: braun gebrannt, schlank, zierlich und rehbraune Augen zum Verlieben. Sie sprachen nur Spanisch, waren aus gutem Hause und wollten uns unbedingt näher kennenlernen. Als sie hörten, dass wir aus Deutschland kamen, da waren sie total begeistert. Aus die-

ser flüchtigen Schiffsbekanntschaft – die Überfahrt dauerte vielleicht 8 Stunden – ist dann später eine jahrelange intensive schriftliche Liebesbeziehung geworden. Linda und ich haben uns vier Jahre lang auf Spanisch Liebesbriefe geschrieben und obwohl wir aus zwei völlig unterschiedlichen Ländern, Religionen, Kulturen, andersartigen Kontinenten, ja aus zwei unterschiedlichen Sprachen und Welten kamen. Die Entfernung zwischen Frankfurt und Puerto Vallarta betrug 9836 Kilometer und wir haben sie vier Jahre lang mit Briefen überwunden.
Die Liebe kannte keine Grenzen. Leider haben wir uns nie wiedergesehen.

Mich haben andere Länder, Sprachen, Menschen, Religionen und Kulturen immer magisch angezogen. Das war für mich – wie für einen Marinemann die Südsee – exotisch, faszinierend und abenteuerlich. Beim Heiraten war ich jedoch konservativ. Als ich mit 27 das Gefühl hatte, jetzt sei ich reif für die Ehe, dachte ich, dass bei einer Ehe die ganzen soziometrischen Faktoren übereinstimmen müssen. Ich war damals echt der Überzeugung, dass außer des Verliebtseins ein ähnliches Alter, das gleiche Herkunftsland eine ähnliche Herkunftsfamilie, die gleiche Sprache, gleiche Ausbildung, Bildung und Kultur ein solides Fundament für eine dauerhafte Ehe bieten würde. Also heiratete ich eine Deutsche.

Nach zehn Jahren Beziehung und dem verflixten siebten Ehejahr war es endgültig vorbei. Trennung, Scheidung, Ehe aus und Familie aus. Die mentale Grenze zwischen mir und meiner Ex-Ehefrau lag nicht in den oben genannten Faktoren, sondern in den Werten, in der Einstellung und den Überzeugungen. Fast alle deutschen Frauen suchen heute Geld, Erfolg, Macht, Anerkennung, Karriere, Luxus, edle Urlaube, unendlich viele Paare modischer Schuhe und exklusive Handtaschen.

Meine zweite grenzüberschreitende Liebe traf ich auf dem Rollo Bay Fiddle Festival, einem schottisch-irisch-kanadischen Volksfest auf Prince Edward Island, an der Ostküste Kanada. Es war im Juli 1996 und auf diesem Volksfest wird drei Tage lang nur gefiedelt, getanzt und gefeiert.
Die blonde Kanadierin schottischen Ursprungs und ich tauschten zuerst Blicke, dann tanzten wir, dann verschwanden wir in den Dünen der Insel. Dort haben wir uns immer wieder beim Rauschen des Meeres getroffen und uns nächtelang über Gott und die Welt unterhalten.
Die Beziehung war so bahnbrechend, dass ich fast 5 Jahre lang 5149 Kilometer überwunden und eine Transatlantik-Beziehung mit ihr geführt habe. In 1999 heirateten wir sogar. Mit der Vision, dass die Transatlantikbeziehung schon gut gehen würde. Wir hatten ja schon drei Jahre lang erfolgreich viermal pro Jahr den Atlantik überquert und uns jeden Frühling, Sommer, Herbst und Winter für zwei Wochen wiedergetroffen – geht doch. Der Plan war, noch sieben Jahre zu überbrücken. Ich, als Unternehmensberater, verdiente gut in Deutschland, und sie als Altenpflegerin hatte einen guten Job in Kanada. Also wollte zunächst jeder in seinem Umfeld bleiben. Diese Liebe überbrückte fünf Jahre lang 5000 Kilometer, zwei Nationalitäten, zwei Religionen, zwei Sprachen, zwei Kulturen. **Liebe kennt keine Grenzen.** Und doch ist sie am Ende gescheitert. Es

fehlten wieder die gemeinsamen Werte, Einstellungen und Überzeugungen.

Dann kam sie. Radovanka, eine Serbin montenegrinischer Abstammung, die alles bisher Dagewesene in den Schatten stellte. Es war im Sommer/Herbst 2009, in dem ich als Management-Trainer und Privatdozent in einer Wirtschaftsschule Prüfungsvorbereitungskurse und Prüfungen absolvierte. Ich war Deutscher. Sie war Serbin. Ich war evangelisch. Sie war orthodox. R A D O V A N K A, das heißt Srpkinja-Crnogorca, Pecenje, Paprika, Kobasica, Sarma, Pita, Slivovica, Kolo-Tanz, fröhliches Temperament des Balkans und serbische Sprache …
Hans, dass heißt Deutscher aus Bayern-Unterfranken, Bier und Würstel, Eisbein mit Sauerkraut, Rheingau und Weinproben, Straußwirtschaft und deutsche Sprache. Ich wuchs auf in der damaligen Bundeshauptstadt Bonn (324.000 Einwohner), sie wuchs auf in dem Bauerndorf Mojsinje (870 Einwohner) deren Menschen und deren Seele ich sehr liebe und schätze. Sie stammt aus einer 10-köpfigen Familie mit fünf Brüdern und zwei Schwestern, ich aus einer fünf-köpfigen Familie mit nur zwei Brüdern. Ich war politisch hochinteressiert, sie war ein Familienmensch. Ich war Akademiker, sie Restaurantfachfrau. Sie war 32, ich war 48. Ich bin vom Sternzeichen Zwilling, sie ist Löwe.

Also unterschiedlicher hätten wir auf den ersten Eindruck nicht sein können.

Trotzdem haben wir es versucht. Wir haben uns kennengelernt, weil sie als Mitarbeiterin der Private Business School mich als Lehrkraft in einem Seminarraum durch Zufall eingeschlossen hat, in dem ich noch spät nach Feierabend gearbeitet habe. Als ich den Schlüssel in dem Schloss zuschnappen hörte, rief ich »Halt, hier ist noch einer!«

Daraufhin öffnete sie wieder die Tür, trat herein, blickte mich an – unsere Augen trafen sich – und ich war sofort GRENZENLOS verliebt. Ihr pechschwarzes, schulterlanges Haar fiel ihr bis auf die Hüfte. Sie erkundete mein Gesicht mit ihren olivfarbenen ehrlichen und vor Stolz blitzenden Augen. ZACK – in diesem Moment hat mich buchstäblich der BLITZ GETROFFEN.

Ich lernte serbokroatisch, ich lernte ihre Familie kennen, ich lernte orthodoxe Regeln und Gebräuche und nahm sehr viel von ihrer Kultur an. Aber sie tat genau dasselbe. Sie hatte wunderbar Deutsch gelernt und pflegte auch alle unseren Sitten und Gebräuche. Ich bin inzwischen zehnmal in allen Teilen Ex-Jugoslawiens und sie ist bestimmt an zehn Stellen Deutschlands gewesen.
Inzwischen sind wir – auch nach dem verflixten siebenten Jahr – immer noch glücklich verheiratet und haben – dank Gottes Hilfe – jetzt ein gemeinsames Kind bekommen. Wir haben alles überbrückt, Vorurteile, den Altersunterschied, Grenzen, Länder, Sprachen. Kulturen, Religionen.
Endlich habe ich sie gefunden – die Liebe meines Lebens.

Liebe kennt keine Grenzen – und jetzt haben wir dieselben Werte.

M. Mit 40 zum Marathon

Wenn man mal 55 Jahre alt ist, dann ist es nicht mehr wichtig, ob man den 56., 57., oder 58. Geburtstag feiert. Klar, wir wollen alle unendlich lange leben, aber die einstellige Zahl nach der 50 ist nicht mehr so wichtig. In den 10er Jahren spielte es eine exorbitant große Rolle, ob wir 15 Jahre (Mofa fahren dürfen), 16 (Bier trinken dürfen), 17 (Führerschein machen dürfen) oder 18 (oh, ja = Volljährigkeit, d.h. plötzlich alles dürfen) sind. Aber wie mein Großvater Heinrich schon zu sagen pflegte, später »rechnet man nur noch in Dekaden«. Also es stellt sich eigentlich nur noch die Frage, welche 10er-Jahres-Reihe gerade angefangen hat.

Tatsächlich hat jede Dekade seinen besonderen Reiz:

1. Dekade => Phase der Orientierung und intensiver Eltern-Kind-Beziehung
2. Dekade => Phase der Schule, der Freunde/Vereine, der PC & Handys, Phase jugendlicher Spielerei
3. Dekade => Phase solider Ausbildung, Studium, Beruf / Karriere + Ehe & Familie
4. Dekade => Halbzeit, Torschusspanik + Neu-Orientierung in Ehe, Hobby, Beruf
5. Dekade => Konsolidieren, Lebensziele halten/Risiko absichern, Neues wagen?
6. Dekade => kann ich noch nicht sagen – da bin ich noch nicht

Also zurück zur Kapitelüberschrift. 40 ist für einen jungen Menschen eine groooooße Zahl. Man wird zwar im Laden immer noch mit »junger Mann«, angesprochen, aber im

Prinzip ist der Zenit des Lebens überschritten. Und spätestens jetzt merken wir: Es geht bergab. Wir schaffen die 100 Meter nicht mehr in 12 Sekunden, wir laufen die 90 Minuten im Fußball nicht mehr durch, sondern latschen eher müde über das Feld (heutzutage ist ein Profifußballer ja schon mit 30 »alt«). Wir trinken auch keine zehn Flaschen Bier, drei Flaschen Wein oder zehn Schnäpse mehr. Wir feiern auch beim Karneval nicht mehr drei Tage und drei Nächte durch – so wie früher. Der Zwölf-Stunden-Arbeitstag oder die Acht-Stunden-Autofahrt am Stück strengen uns irgendwie an. Komisch, früher hat uns das alles gar nix ausgemacht.
Nun gibt es für das männliche Alphatier nur zwei Selbstheilungsmethoden, mit dem Dilemma umzugehen:

1. Nachgeben und Einsicht. Dann gesteht der Mann sich ein: »Ich schaffe alles nicht mehr so wie früher. Okay, dann muss ich halt langsamer treten«. ODER
2. Gas geben, kämpfen und sich beweisen, dass es doch noch geht.

Ich wählte, wie wahrscheinlich 90 % aller Männer, die zweite Variante. Ich wollte mit 40 erstmals in meinem Leben einen Marathon laufen, nochmal richtig Ski fahren, meine Firma vergrößern, eine neue Beziehung anfangen, die größte Party meines Lebens feiern und noch ein Kind zeugen. Sei ein Mann und zeig dir selbst und der Welt, was noch alles in Dir steckt. UNLEASH YOUR PERSONAL POWER = Befreie deine innere Kraft von den Stricken, die dich halten. Schneide die Taue durch und segele los, Mann. Hau rein! Gib Gas! Beweise dir, dass du es noch kannst.

Anker lichten! Leinen los. Kurs 090 steuern. Alle Maschinen voraus, »halbe«. Ach, was sag ich ... Alle Maschinen voraus, »volle«. Grenzen und Risiken mit 40 – kenn ich nicht!
Einer meiner besten Freunde hat mit 40 mit drei Mann in einer Nussschale von Segelboot eine Atlantik-Überquerung gemacht. Und so, wie wir als Ex-Marineoffiziere drauf sind, hat er dabei bei Windstärke 8, als er im lebensgefährlichen Sturm draußen angeschnallt am Ruder saß, noch gesungen: »Wir lieben die Stürme, die brausenden Wogen, der eiskalten Winde raues Gesicht …«.

Langer Rede kurzer Sinn. Ich habe mir mit 39 einen Sportberater, den Prof. Dr. Klaus Jung von der Sporthochschule in Mainz gesucht. Ihn als erfahrenen Ultralangstreckenläufer habe ich gebeten, mich auf den Marathon am 30.10.2001 in Frankfurt vorzubereiten. Alles schön und gut. Bis auf zwei Kleinigkeiten.

1. Ich war noch nie mehr als 10 Kilometer gelaufen.
2. Zu dem Zeitpunkt, als ich mein Training begann, war es schon März.

Macht ja nix. Mein Freund Klaus Jung sagte mir, dass man als Läufer allermindestens sechs Monate braucht, um sich halbwegs ordentlich auf einen Marathon vorzubereiten. Also sagte ich mir: »Schaff ich doch locker.«

Mit einem ausgeklügelten Trainingsplan begann ich nun meine Laufsport-Einheiten. Ca. viermal die Woche trainierte ich, mal 45, mal 60, mal 50, mal 90 Minuten. Ich lief im Frühling bei Kälte und Nebel, im Sommer bei Hitze, im Herbst bei Sturm und oft auch im Nieselregen. Ich rannte auf dem Asphalt, über Feldwege, auf Sportplätzen, auf Tartanbahnen und auf Tannennadel-Waldlaufbahnen. Auch wechselte ich die Höhen. Mal lief ich im Flachland, mal im Mittelgebirge auf 400 bis 600 Metern, mal lief ich im Gebirge auf 800 bis 1800 Metern.

Stück für Stück arbeitete ich mich heran. Von 10 auf 15, von 15 auf 20 Kilometer, sogar die 30 Kilometer habe ich einmal als Trainingseinheit absolviert. Neben dem schon fast obligatorischen Einstundenlauf, absolvierte ich auch Tempoläufe und Bergläufe. Ich übte Einzeltraining, Gymnastik, Konditionstraining und Intervalltraining. Es ist schon eine Herausforderung, irgendwann für 42.195 Meter an den Start zu gehen. Aber es gibt ja ein Ziel und dann ist man ja durch die Selbstmotivation dazu in der Lage, ganze Berge zu versetzen (vgl. Kapitel 1 dieses Buches).
Natürlich sagt der Kopf dauernd: »Das schaffst du nicht. Das kannst du nicht. Du wirst kollabieren. Das ist zu viel.

Das funktioniert sowieso nicht, usw.« = MENTALE GRENZE. Diese mentale Grenze wird von erfahrenen Marathonis immer wieder als »Mann mit dem Hammer« bezeichnet. Ganze Heerscharen von lang gedienten Langstreckenläufern behaupten, dass sie irgendwann zwischen Kilometer 30 und Kilometer 40 dem »Mann mit dem Hammer« begegnet sind.

Das ist etwa so jemand wie dein zehnfacher innerer Schweinehund (gegen den du als Normalsterblicher schon verlierst, wenn du laufen willst und es regnet …). Und dieser Mann bei Kilometer 30 sagt dann: »Jetzt ist Schluss. Du kannst nicht mehr. Jetzt musst du aufhören.«

Der 30.10.2001 kam tatsächlich und wir waren mit zigtausend Läufern in Frankfurt am Start. Die meisten waren gut vorbereitet, so auch ich. Ich hatte nur verletzungsbedingt in den letzten sechs Wochen zwei Wochen lang mit dem Training aussetzen müssen. Aber so geht es wohl allen Athleten immer wieder einmal. Es war ein trüber Tag, aber an jenem Tag waren Tausende von Läufern und auch Zehntausende von Zuschauern hoch motiviert.

Es ist wie ein Rausch, wenn der Startschuss fällt und sich die Menschenmassen schubsend, schiebend und kämpferisch ihren Weg nach vorne bahnen. Zunächst mal will jeder der Erste sein, doch das starke Feld der Führungselite, welches anfangs noch aus vielleicht 1000 Läufern besteht, schrumpft dann schnell nach zwei Kilometern auf 500, und nach zehn Kilometern vielleicht auf nur noch 50 Renner zusammen, weil alle anderen das hohe Anfangseuphorie-Tempo gar nicht durchhalten. Das Problem beim Startschuss war nur, dass der Schütze wohl sinnbildlich in eine gigantische schwarze Regenwolke geschossen hatte.

Also regnete es nun – und zwar stark. Anfangs spürte ich das nicht, denn da waren Tausende von Fans, der Bürgermeister, der Sportdezernent, Film, Funk und Fernsehen, das Siegerpodest mit den drei Stufen. Der »Stadionsprecher« stand direkt vor dem Messeturm der Stadt Frankfurt, heizte uns über Lautsprecheransagen an, überall gab es Musik und Tanz in meinen Ohren. Vor meinem Auge sah ich eine schier unendliche Zahl von bronzenen Medaillen, die entlang des Startzaunes an den Zaunpfählen zu Hunderten übereinander aufgehängt waren. Ebendiese waren zur Motivation der Teilnehmer gedacht. Und tatsächlich – ich habe fast die ganze Zeit meines ersten Marathonlaufes an die Medaille, die Medaille, die Medaille gedacht – und mir vorgestellt, wie ich dies an meiner Wand zu Hause als Trophäe aufhängen würde (wenn ich irgendwann diesen verdammten Lauf geschafft haben sollte).
Nach zwei Kilometern war ich nass von außen (Dauerregen), nach zehn Kilometern war ich nass von innen. Nach 20 Kilometern war ich immer noch motiviert und dachte an die Medaille. Nach 25 Kilometern wurden mir die Beine schwer. Es schüttete immer noch wie aus Kübeln. Wir waren zu viert, also drei Freunde waren mit mir gemeinsam gestartet. Von denen war jetzt nur noch einer an meiner Seite. Die schlimmste Schmerzensqual meiner Beine spürte ich von Kilometer 25 bis 33. Bei Kilometer 33 hatte ich keine Kraft und keine Motivation mehr und wollte aufgeben. Doch dann geschahen seltsame Dinge.
Der dicke Läufer neben mir mit seinen 120 Kilogramm zeigte auf einer Dönerbude und rief: » Oh, jetzt ´nen Döner und ich könnt wieder 30 Kilometer.«
Da musste ich lachen, weil nichts lag mir ferner jetzt, als der Gedanke ans Essen. Ein anderer Mitstreiter stöhnte

nach Coca-Cola, aber uns wurde natürlich – von den Helfern – immer nur Wasser gereicht. Mir tat alles weh, ich hatte keine Kraft mehr und bei Kilometer 33 kam bei mir der Mann mit dem Hammer.
Also irgendwie, ich weiß selber nicht mehr, wie genau, habe ich den Mann mit dem Hammer niedergekämpft. Danach, so ab Kilometer 35, trugen mich meine Beine fast wieder mit einer gewissen Leichtigkeit. Ich glaubte es jedenfalls, ich merkte sie nicht mehr. Sie trugen mich einfach so bis zu Kilometer 40. Jetzt prasselte der Regen immer noch unermüdlich auf uns nieder. Die letzten 2 Kilometer schaffte ich wieder nur deshalb, weil ich mir sagte: Ankommen, ankommen, ankommen – und die Medaille abholen. Überhaupt helfen positiv selbstmotivierende Mantras wie »du schaffst es, du schaffst es, du schaffst es« immer wieder weiter, um die mentale Grenze zu überwinden.

Nach 4 Stunden 53 Minuten stolperte ich über die Gummimatte ins Ziel. Es piepste auf der Kontaktmatte. Als Reaktion mit dem Registrierchip an meinem Laufschuh. Ich hatte es geschafft. Das Bild, was sich mir bot, hatte allerdings nichts mit dem Siegen zu tun. Die Straße war vom Regen überschwemmt, nass und dreckig.
Der Boden war mit den weißen Plastikbechern übersät und glich einer Müllhalde. Die Bühnen und Siegerpodeste waren abgebaut, die Ehrengäste, die Honorationen, die Sieger, die Zuschauer waren weg. Eigentlich war überhaupt niemand mehr da. Aber das schlimmste war: Alle Medaillen waren weg. Schock!

Aber die mentale Grenze hatte ich mit 40 nochmal überwunden.

MARATHON

N. Normen und andere Messlatten

Haben Sie sich schon mal überlegt, warum es immer wieder neue Weltrekorde gibt, warum Menschen wie Sportler, Forscher, Ingenieure und Mediziner sich immer wieder steigern und noch höher und noch weiter ins grenzenlose All der Möglichkeiten vordringen?

Weil es Normen und andere Messlatten gibt. »Was ich nicht messen kann, kann ich nicht managen«, behauptete der amerikanische Unternehmensberater Peter Drucker einmal. Und tatsächlich. Die Amerikaner sind wohl Meister darin, alles zu messen, zu bewerten, zu analysieren mit dem Ziel, immer noch weitere Optimierungspotenziale auszuschöpfen. Kaum hatte Usain Bolt den Weltrekord im 100-Meter-Lauf 2009 bei der Leichtathletik-WM mit 9,58 Sekunden aufgestellt, mutmaßten Wissenschaftler der Stanford University und der Cambridge University, dass der 100-Meter-Lauf wohl auch in 9,4 Sekunden sportlich machbar sei. Daraufhin zeigte der Australier Jerry Richmond in einer Studie auf, dass eine menschliche Bestleistung von 9,27 Sekunden auf 100 Meter theoretisch erreichbar ist.

Nur mal angenommen, die Zeit von Usain Bolt, oder von einem seiner Vorgänger, wäre nie gemessen worden, hätte es dann seinen Weltrekord gegeben? Nein.

Nachdem Deutschland 1954 das Wunder von Bern geschafft hatte, haben sich die deutschen Kicker damit zufrieden gegeben? Nein, sie wollten danach nochmal Weltmeister werden. Zugegeben, es hat zwar 20 Jahre gedauert, aber 1974 eroberten die Deutschen Fußballer den zweiten Titel und somit den zweiten Stern auf ihrer Brust. Inzwi-

schen sind es vier Sterne geworden, aber der Wunsch nach weiteren Sternen ist unersättlich.
Hatten die Amerikaner mit dem Empire State Building (gebaut 1930/31) und 443 Metern bis 1972 noch das höchste Gebäude der Welt, so genießt jetzt eben gerade noch der Burj Khalifa oder Burj El Arab in Dubai mit seinen 828 Metern diese Würde, das höchste Bauwerk der Erde zu sein. Doch schon jetzt arbeitet Saudi-Arabien auf Hochtouren an seinem Bauprojekt, welches den Burj Khalifa wieder in den Schatten stellen soll. Der »Kingdom Tower« mit einer geplanten Höhe von 1007 Metern soll 2019/2020 fertig gestellt sein.
Messlatte, Messlatte, Messlatte. Hätte man die lichte Höhe des Empire State Building nie gemessen, so hätten die Leute damals gesagt: »Oh Boy. Verdammt hoch, dieser Turm.« Aber weil die Höhe niemals bekannt geworden wäre, hätte auch niemand zwangsläufig versucht, einen höheren Turm zu bauen … Aber so sind die Menschen nicht. Sie wollen alles messen, um sich dann daran zu messen und um dann immer wieder die Grenze dieser Messlatte nach oben zu durchbrechen. Schauen Sie sich doch nur einmal den Rüstungswettlauf nach dem Zweiten Weltkrieg zwischen den USA und der ehemaligen Sowjetunion an.
Erst ein Panzer, dann 100 Panzer, dann 1000, nein, 10.000 Panzer. Dann Tausende von Kampfflugzeugen, Fregatten, Zerstörern, Ubooten, Flugzeugträgern, Raketen, Bedrohung Cruise Missiles, Atomwaffen, ABC-Waffen, Drohnen, fremde Länder besetzen … Ja, etwa 50 Jahre lang ging es immer um die Frage: Wer hat mehr Waffen, wer kann höher, schneller, weiter schießen und wer kann noch mehr Bedrohung sowie messbar und beobachtbar noch mehr Schaden anrichten in der Welt?

Das gleiche gilt für Luft- und Raumfahrt. First man on the moon. First man on the Mars. Raketen und Satelliten ins All. Dann Raketenschutzschild.
Die Messlatte ist wie ein Fluch der Menschheit, weil sich dann immer irgendeiner genötigt sieht, diese Messlatte zu erreichen. Wir in z.B. Indien, Pakistan, Nordkorea und dem Iran (?) wollen auch Atomwaffen und damit auch die Weltherrschaft – ist das klar?

Die Messlatten sind wie eine Hochsprunglatte. Ständig wird sie auf einer Höhe x aufgelegt, mit dem Ziel, diese zu ÜBER-springen. Während in den 60er Jahren der US-Amerikaner John Thomas und der Sowjetrusse Waleri Brumel noch um die damalige Weltbestmarke von 2,22 oder 2,23 Metern wetteiferten und dann als *Weltrekordler* im Hochsprung gefeiert wurden, so übersprang Javier Sotomayor 1993 schon 2,45 Meter.
Jede gemessene Leistung ist ein Meilenstein, aber im Zug der Zeit ist die Bestmarke nur von kurzer Dauer. Schon liegt der Nächste auf der Lauer, um den Rekord zu knacken. Nicht nur Sportler arbeiten so.

Unsere ganze Leistungsgesellschaft ist auf diesem Prinzip des Messens aufgebaut. Höher, schneller, weiter. Insofern ist jede politische Grenze (jene Mauer, die Trump jetzt errichten will – siehe die deutsche Mauer) jedes industrielle Produkt, jedes PC-Programm und jede sportliche Höchstleistung keine Grenze, sondern allenfalls eine Stufe auf der Treppe in die Unendlichkeit.

O. Oliver Kahn

… ist ein Musterbeispiel für die Umsetzung meiner **PROBIZIPLANDU- Methode**. Ich erinnere daran, was das bedeutet. **Pro**blem erkennen. **Bi**ld von der Zukunft machen. **Zi**el setzen. **Plan** aufstellen. **D**isziplin wahren. **U**msetzen, ohne zu zögern.

Er erkannte das PROBLEM der heutigen deutschen Fußballspieler schon vor 20 Jahren = mangelhafte Ausdauer / mangelhafte Verweildauer der Profis bei den Vereinen. Heutzutage beträgt die maximale durchschnittliche Verweildauer eines Spielers innerhalb einer Bundesligamannschaft maximal drei Jahre, dann wechselt er wegen mehr Geld und hindert sich damit oft am eigenen Erfolg. Denn dann muss er sich wieder NEU eingewöhnen in ein anderes Team, was oft sehr schwer fällt.

Oliver Kahn spielte seine Profikarriere aber außergewöhnlich konsequent und mit extremer Ausdauer zunächst zwölf Jahre Jugendarbeit beim Karlsruher SC, dann sieben Jahre beim KSC professionell und danach 14 Jahre bei

Bayern München. So eine Kontinuität habe ich danach bei keinem deutschen oder ausländischen Profi mehr erlebt. Die modernen Legionäre folgen immer nur dem Lockruf des Geldes und sind damit am Ende oft enttäuscht und enttäuschend für die Mitspieler und für die Fans.

War er wirklich so gut? Welche Erfolge hat er erzielt? Und wie hat er das gemacht?

Nun, zugegeben, er hatte eine merkwürdige krächzende Stimme. Aber seine sportlichen Erfolge sind absolute Weltklasse und unübertroffen:

- Er war Europameister, Vize-Weltmeister, Deutschlands des Jahres, Europas Fußballer des Jahres und Weltfußballer des Jahres, und das alles in den Jahren 2000 bis 2002
- er war 3 x Welttorhüter des Jahres
- er war 4 x UEFA-Torhüter des Jahres
- er war 5 x Bester Torhüter der Bundesliga
- 6 x DFB-Pokalsieger
- 8 x Deutscher Meister

Aber darüber hinaus war er der größte Grenz-Überschreiter schlechthin. Er visualisierte sich auf den Siegerpodesten, machte sich **BILDER** von der Zukunft und war ein Mensch, der ZIELSETZUNG als persönliches Motivationsinstrument bis zur Perfektion umgesetzt hat. Er handelte sich selbst und anderen gnadenlos zielorientiert gegenüber – getreu dem Motto:

Prüfe, wo du stehst => überlege, wo du hinwillst => mach deinen Plan => und dann geh!

Für Oliver Kahn gab es keine mentalen Grenzen. Google Books schrieb über sein Werk »Erfolg kommt von innen« 2008: »Dies ist ein Buch über Extreme. Geschrieben von jemanden, der seinen Beruf in Extremen gelebt hat. Es ist ein Buch über das ICH, das man braucht, um Erfolg zu haben. Und was man braucht, um mit dem Erfolg umgehen zu können …«

Der »Titan« hat beschrieben, dass er sich schon mit 18 Jahren das **ZIEL** gesetzt hat, beim Bundesligisten Bayern München als Stammtorwart zu spielen. Sieben Jahre später war er es dann. Mit 25 setzte er sich das Ziel, Nationaltorwart und Fußballer des Jahres zu werden. Wieder sieben Jahre später war er nicht nur der beste Torwart Deutschlands und Mannschaftskapitän der deutschen Nationalmannschaft, sondern der beste Torhüter der Welt. Er hat sich immer Ziele gesetzt. Und sobald eins erreicht war, setzte er sich weitere.

Als Macher und Perfektionist hat er nicht nur einen Trainings-**PLAN** aufgestellt, um seine Ziele umzusetzen, sondern hat diese auch bis zum Exzess sechsmal pro Woche mit eiserner **DISZIPLIN UMGESETZT**. Unabhängig von Launen, Wetter, privaten Querelen, Stimmungsschwankungen oder körperlicher Wehwehchen. Er war total fokussiert und hat buchstäblich immer bis zur letzten Sekunde jedes Spieles an den Sieg geglaubt. Nur durch ihn konnten manche Spiele des FC Bayern noch in der letzten Minute zum Wohle der Bayern »gedreht« werden.

Erfolg kommt von innen – schrieb er. Und das war sein Rezept. Durch die totale Konzentration NUR auf den Ball, NUR auf das Spiel, NUR auf den Augenblick, NUR auf das »Hier und Jetzt« ist es ihm gelungen, oft das Unmögliche möglich zu machen – oder auch in der letzten Minute noch ein Spiel für sich und seine Mannschaft zu entscheiden.

Hätte er öfter am Sieg gezweifelt, hätte er viel öfter verloren. Doch ein zweites Motto des Fußball-Titans war: Nicht ist unmöglich. Und genau mit diesem Glauben, hat er es geschafft, fast alle mentalen Grenzen zu überwinden.

P. Programm »Umkehr« – mentale Grenze als Angstgeber nützlich?

Wir haben uns in den vorangegangenen Kapiteln immer nur damit beschäftigt, wie man es schafft, mentale Grenzen zu überwinden. Wie sehr die mentale Grenze die Erfolgreichen und die Erfolglosen trennt. Natürlich gehört zu jedem Erfolg ja immer der Mut des Tüchtigen, etwas anzupacken und etwas umzusetzen. Und natürlich gehört auch immer noch der Glaube an Gott, der Glaube an sich selbst, das gehörige Quäntchen Glück, der richtige Mensch, die richtige Zeit und der richtige Ort dazu.

Zum Beispiel hätte Helmut Kohl die Wiedervereinigung Deutschlands nie erreichen können, wenn nicht 1989 durch den liberalen und demokratischen Kurs Moskaus unter Michael Gorbatschow genau der richtige Zeitpunkt dafür gewesen wäre. Jetzt habe ich dem Leser in allen vorherigen 15 Kapiteln klargemacht, wie wichtig es für den großen Erfolg ist – und wie es funktioniert – die mentale Grenze zu überwinden – so dass wir daraus schlussfolgern könnten, sie sei gar nicht gut – die mentale Grenze. Wenn es eh doch immer nur die Absicht ist, eben diese Grenze abzu-

schaffen, zu überwinden oder zu eliminieren – wieso brauchen wir sie dann überhaupt?
Diese Kapitel heißt Programm-Umkehr, also drücken wir quasi den Reset-Button und starten unser Denksystem noch einmal neu. Ist die mentale Grenze wirklich so nutzlos, so fließend, so sinnleer, wenn wir doch immer nur von Rekord zu Rekord jagen und es immer nur darum geht, dann im Fluss des Erfolgs wieder die nächste Stufe der Treppe zu ersteigen (siehe Kapitel Normen und andere Messlatten)?
NEIN. Jeder Mensch erfährt für sich von außen gesetzte, objektive Grenzen oder er setzt sich von innen heraus subjektive Grenzen. Diese subjektiven Grenzen dienen in allererster Linie dem SCHUTZ des Menschen vor Gefahren. Nehmen wir einmal an, sie hätten ein zweijähriges Kind zu Hause, das dazu neigt, alles anzufassen und jede mögliche Gefahrenquelle bewusst oder unbewusst auszutesten. Hätten Sie einen Elektroherd, würden Sie ein Schutzgitter davor anbringen. Hätten Sie einen Holzherd oder einen offenen Kamin, so würden Sie bestimmt in sicherer Entfernung davor einen Schutzzaun anbringen. Hätten Sie einen gefährlichen Kellerabgang, so würden Sie ein Türschutzgitter davor montieren. Hatten Sie offenen Steckdosen, würden Sie sie mit Plastikschutz zukleben.
Jedes dieser Gitter wäre nicht nur eine mentale, sondern auch eine physische Barriere für das Baby, die es vor dem Herunterfallen, vor dem Feuer, vor Verbrennungen oder vor Stromschlägen schützt.
Trotz der Behinderung in der freien Entfaltung des Kindes wären diese Barrieren doch wichtig, oder?

Wie ist es mit den heutigen Grenzen, die Erwachsene für Erwachsene am Außenrand eines Landes derzeit gerade wieder in der Türkei, in Griechenland, auf der Balkanroute, sogar in Italien, Österreich oder – jetzt wieder – durch Zäune, Mauern und verschärfte Passkontrollen errichten? Wozu sind die da? Nun – sie sollen das Land vor illegalem Zutritt oder illegaler Zuwanderung schützen.
Wann immer der Mensch Risiken für Leib oder Leben der Menschen erkennt, z.B. auf hohen Bergen, bei Lawinengefahr, bei Eis und Schnee, bei Gefahrquellen an Flüssen, Meeren, Seen, Straßen, Abhängen, militärischen Zonen – so baut er Wälle, Zäune, Gitter, Warnschilder und Mauern auf, um die Personen vor den Gefahren zu schützen. Die Zäune und Absperrungen stören uns, ebenso wie eine erhebliche Umleitung wegen Bauarbeiten oder wegen Lawinengefahr auf der Landstraße.
Würden wir die physische Grenze überwinden und trotzdem weiterfahren (so wie ich es manchmal wider alle Vernunft getan habe), müssen wir das Risiko eingehen, dass uns die Felsbrocken auf den Kopf fallen.
Und falls wir darüber nachdenken, dass uns etwas passieren könnte, haben wie ANGST – und Angst ist nun mal negativ besetzt. Vielleicht erinnern wir uns daran, dass man uns in der Schulzeit, bei einer nicht bestandenen Mutprobe, z.B. keinem Sprung vom 5-Meter-Brett im Schwimmbad, mit »Angsthase, Pfeffernase« beschimpft hat.
Trotzdem gilt auch hier: Angst ist ein natürlich eingebauter Schutzreflex vor einer subjektiv zu groß erscheinenden Gefahr. Somit kann Angst oft ein Lebensretter sein. Man denke nur an Kapitäne und Piloten, die gnadenlos, stur, blindlings ihr Ursprungsziel trotz größter Gefahr in der

Extremsituation weiterverfolgten, ohne auf diese mentale Grenze zu achten. Dadurch brachten sie oft sich und Hunderte von Mitmenschen in Lebensgefahr oder in den Tod. Insofern ist jeder Mensch mit Höhenangst, Flugangst, Lawinenangst, Schiffsangst, Unwetterangst, Schlangenangst, Meeresangst nicht immer nur »mental begrenzt«. Nein, im Gegenteil. Mithin ist die Angst auch ein sehr gewinnbringender Faktor. Der ängstliche, nein besser gesagt, der gezielt risikoabwägende Mensch ist sich nämlich der Gefahren bewusst und versucht, den Risiken durch Vermeidung oder Umkehr aus dem Weg zu gehen. Und die mentale Grenze, »Nein, hier musst du umkehren«, hat schon mir sehr oft mein eigenes und mit Gewissheit auch das Ihre und das Leben zahlreicher anderer Menschen gerettet.

Q: Quality made in Germany (or Switzerland) & das Six Sigma Prinzip

Wussten Sie, wie das Qualitätslabel »Made in Germany« entstanden ist?

Ursprünglich war es nämlich gar kein Qualitätssiegel, sondern ein Ausdruck von Geringschätzung und Abwertung deutscher Produkte. Und das kam so:

Nachdem Deutschland 1939 den Zweiten Weltkrieg ausgelöst, die ganze Welt angegriffen hatte, machthungrig, größenwahnsinnig und auf der Jagd nach der Weltherrschaft gewesen war, wurde es dann schließlich 1945 von den Alliierten final besiegt. Dies gelang im Wesentlichen den Verbündeten Großbritannien, Frankreich, der Sowjetunion und den USA durch einen Vierfrontenkrieg und insbesondere durch die fast unbegrenzten Waffen-, Material- und Munitionsvorräte der USA, die ständig aus dem Westen über den atlantischen Ozean neu herangeführt wurden.

Deutschland hatte zuvor 1941 bis 1944 seine Streitmacht aber schon an der Ostfront – durch die schier unendlichen Menschenmassen an Soldaten – die die Sowjetunion in den

Krieg gesendet hatte, fast vollständig aufgerieben – und war dadurch so geschwächt, dass es nicht mehr gleichzeitig an vier Fronten kämpfen konnte. Also hieß schließlich am 09. Mai 1945: »Game over«.

Deutschland kapitulierte, musste fürchterlich demütigende Friedensverträge unterschreiben, alle eroberten Gebiete (und noch mehr, z.B. die deutschen Ostgebiete) wieder an Polen und die Sowjetunion abtreten, erhebliche Reparationszahlungen an alle anderen Länder leisten, den Viermächtestatus und die Besatzung durch die vier Siegerparteien in Kauf nehmen. Bekannterweise wurde Deutschland geografisch in vier Besatzungszonen aufgeteilt: Im Norden besetzte uns England als Besatzungsmacht, im Westen Frankreich, im schönen deutschen Süden von München bis hinauf nach Heidelberg saßen die Amerikaner und im Osten besetzten uns die Russen. Selbst Berlin wurde, wie Sie wissen, noch einmal extra in vier unterschiedliche Sektoren für ebendiese vier Siegermächte aufgeteilt.

Ab der Gründung der Bundesrepublik Deutschlands dann, 1949, zogen sich alle Besatzungsmächte, nach und nach so weit zurück, dass Deutschland wieder ein souveräner Staat sein konnte. Die Amerikaner blieben als militärische Schutzmacht und als NATO-Verbündete – die Russen blieben als Besatzungsmacht. Sie ließen durch ihre »Knechte«, nämlich die unterdrückten Ostdeutschen, eine befestigte Grenze mit Minen, Stacheldraht und Todesautomaten bauen und so entstand die DDR.

Aber warum erzähle ich Ihnen das alles? Nun, die Alliierten hatten aus Erfahrung Angst vor Deutschland. Sie gaben Deutschland ein extrem föderalistisches Staatssystem, teilten und schwächten Deutschland 1945 bis 1949, so weit es ging. Die Internetquelle »wissen.de« schreibt dazu: »Nach Angaben der Westmächte betrug der Sachwert der deutschen Reparationen etwa 500 Millionen US-Dollar, nach westlichen Schätzungen lag der Wert der deutschen Reparationen an die Sowjetunion bei mehr als 15 Milliarden Dollar. Am 1.1.1954 hatte die Sowjetunion schließlich auf weitere deutsche Reparationen verzichtet ... Nach 1945 wurde das gesamte deutsche Auslandsvermögen, die deutsche Handelsflotte und alle deutschen Patente beschlagnahmt. Ein großer Teil der Reparationsansprüche wurde durch Demontagen (beendet 1950, 1948 in der SBZ) und Entnahmen aus der laufenden Produktion (insbesondere in der ehemaligen DDR) sowie Arbeitsleistungen Deutscher im Ausland kompensiert.«

Zweimal hatte Deutschland die ganze Welt angegriffen und nun verordneten die vier Siegermächte: NIE WIEDER DARF EIN KRIEG VON DEUTSCHEM BODEN AUSGEHEN. Alles aus Deutschland galt als böse, falsch und schlecht. Wer in der Nachkriegszeit Produkte aus Deutschland importierte, galt als Verräter und Unterstützer einer »Verbrechernation«. Um die Produkte, die aus Deutschland kamen, im internationalen Handel eindeutig zu kennzeichnen, erfanden die Amerikaner und Engländer das Label »Made in Germany«. Das hieß, alle aus Deutschland stammenden Produkte mussten im internationalen Handel so gekennzeichnet werden, um diese quasi »negativ zu brandmarken«. Getreu dem Motto: »Liebe Länder, kauft diese Produkte nicht, sie sind von den bösen Deutschen.«

In den ersten Jahren hielt sich das Ausland gerade wegen der negative Kriegserfahrungen mit Deutschland auch da-

ran. Aber nach und nach, in den 50er, 60er und 70er Jahren stellte das Ausland fest: »Hey, so böse und schlecht sind die deutschen Produkte ja gar nicht.« Nein im Gegenteil. Diese deutschen Produkte – so stellte man bei Qualitätsprüfungen fest – sind ja qualitativ viel hochwertiger als die Produkte anderer Länder. Ergo wandelte sich das »Bad Label« zum »Good Label« und spätestens ab 1960, zur Zeit des Wirtschaftswunders, galt »Made in Germany« bereits als sein Qualitätssiegel, das bis in die heutige Zeit hinein mit Hochachtung, Bewunderung und Wertschätzung für die Zuverlässigkeit und Langlebigkeit deutscher Produkte steht. So gilt auch hier, wieder einmal mehr, die Weisheit:
In der Krise liegt die Chance.

Das, was ursprünglich als mentale Denkbarriere gedacht war (»Kauft bloß nichts aus Deutschland«), hat sich als Bumerang erwiesen. Denn *wer* im Ausland wollte 1960-2014 *nicht* den Stahl von KLÖCKNER, den Mercedes, BMW, AUDI, die Bremsscheibe von ATE, die Motorsäge von STIHL kaufen? Jeder wollte sie kaufen. »MADE IN GERMANY« eben.

Natürlich haben Länder in der Herstellung bestimmter Güter eine ebenso hohe, bzw. noch bessere Qualität, sodass auch hier das Qualitätslabel »Quality made in ...« gilt. Betrachten wir nur einmal die Schweiz mit den weltberühmten Uhren, den Schweizer Messern, der Schweizer Schokolade, dem Schweizer Käse, den Schweizer Chemie- und Kosmetik-Produkten ... Dafür ist die Schweiz – mehr noch als Deutschland – auf allen Kontinenten bekannt. MADE IN SWITZERLAND hat einen unantastbaren Ruf.

Dieses Logo ist ein Schwergewicht auf dem Parkett der internationalen Produktion und gilt gleichzeitig noch als sauber, aus den Alpen, eidgenössisch blütenrein. An dieses Image werden wir Deutschen nie herankommen.

Was hat es nun mit Six Sigma auf sich?

Laut Wikipedia ist »Six Sigma ein Managementsystem zur Prozessverbesserung, ein statistisches Qualitätsziel und zugleich eine Methode des Qualitätsmanagements. Ihr Kernelement ist Beschreibung, Messung, Analyse, Überwachung und Verbesserung von Geschäftsvorgängen mit statistischen Mitteln«. Nun, wir Deutschen und Schweizer waren schon immer Perfektionisten und hatten die Qualitätsstandards für Produkte – zumindest bis in die 80er Jahre – stets maximal hoch gehalten. Ab den 90er Jahren ließ dann in Deutschland die Qualität der Produkte nach, weil man viele Teilerzeugnisse, Teilprozesse und Teilergebnisse ins das kostengünstigere Ausland verlagerte, um international wettbewerbsfähiger zu sein.

Dann kam mit SIX SIGMA ein neuer Qualitätsstandard auf, der – in der industriellen Produktion – stets eine maximal zulässige Abweichung (maximale Normabweichung/Fehlerquote) von der Gaußschen Normalverteilung vorgibt. Drei Sigma bedeutet eine Fehlertoleranz von maximal 66.807 Fehlern bei 1.000.000 Fehlermöglichkeiten, nicht Produkten. Das bedeutet maximal eine Fehlerquote von ca. 6%, im Verhältnis zu den Fehlermöglichkeiten. Eine Fehlerquote von 6 Sigma wird immer wieder gefordert.

Ich habe oft mit Produktionsleitern über dieses Thema gesprochen und gefragt, welche Zahlen sie dazu im Produktionsprozess messen.

Das Ergebnis war: Die Realisierung eines Six-Sigma-Prozesses in der Fertigung bedeutet eine maximale Fehlerquote von maximal vier bis sechs Stücken pro 10.000 gefertigten Stücken, was in den Augen aller Qualitätsmanager quasi das 0-Fehlerprinzip bedeutet.

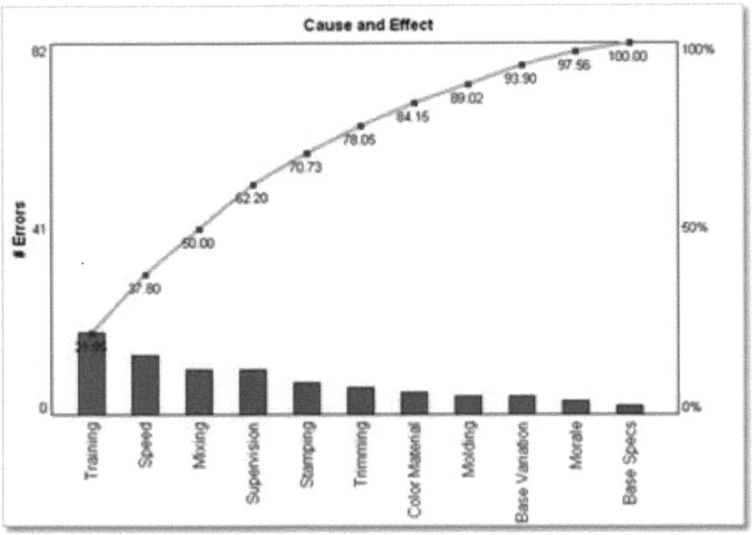

Aber unser Automobilzulieferer war schon glücklich, wenn die Fehlerzahl statt zehn bis fünfzehn Stück pro 10.000 dann nach allen Material- und Prozessverbesserungen bei maximal nur noch neun Stück pro 10.000 gefertigten Einheiten lag. »One digit« nannten die Qualitätsmanager das. Neun Zehntausendstel, das ist quasi eine Null. Was hat das nun mit mentalen Grenzen zu tun?

Das ist Benchmarking.

Auch und gerade in den Prozessen der industriellen Fertigung zeigt sich, wie wichtig es ist, eine Benchmark (Grenze) zu setzen und diese immer wieder zu überwinden bzw. bis zur Perfektion hin zu verbessern.

Warum ist das notwendig?
=> Weil Qualitätsmängel Geld kosten
Und diese Kosten können am Ende Millionen- oder Milliardenbeträge ausmachen (siehe Rückrufaktionen vieler Automobilhersteller aufgrund von Qualitätsmängeln. Siehe auch der VW-Abgasskandal 2015/2016 und dessen weltweiten Folgen. Dabei ging es hier nicht einmal um einen objektiv festgestellten Qualitätsmangel, sondern um die absichtliche Irreführung der Verbraucher durch falsche bzw. bewusst »geschönte« Angaben zum Schafstoffausstoß der VW-Dieselfahrzeuge in aller Welt. Dieser Fehler, der sich eigentlich nur in dem Fehlen einer zugesicherten Eigenschaft und noch nicht einmal im tatsächlichen Vorliegen eines echten Mangels ausdrückte, hat VW schon mehrere Milliarden gekostet).
Wie ist es dann erst bei objektiv festgestellten Mängeln? Das würde mit Sicherheit das Ende jedes Automobilkonzerns bedeuten.

Also liebe Firma VW, nicht »schummeln« bei der Abgasgrenze. Und nicht »fummeln« bei der Qualitätsgrenze.

Hier zeigt sich, dass auch die technischen Grenzwerte nur mentale Grenzwerte sind. Die Automobilhersteller haben die Abgaswerte, die Verbrauchswerte etc. aufgeschrieben und veröffentlicht und der Verbraucher hat sie geglaubt. Tatsächlich wurden diese »mentalen Grenzen« aber täglich überschritten. Sie existierten eben nur mental. Aber nicht in der Realität.

R: Reason-Why

Als ich 30 bis 40 Jahre alt war, hatte ich drei große Vorbilder. Der eine Mensch, der mich nachhaltig prägte, war mein Professor Dr. Lothar Seiwert. Seiwert war Professor, Managementtrainer, Lehrbeauftragter, Prüfer, Jaguarfahrer, Bestseller-Autor in Deutschland und den USA, Key Speaker der Top 100. Bei ihm war ich Student, Assistent und Tutor, also Hilfswissenschaftler.

Der zweite Mensch, der mich nachhaltig in meiner Karriere beeinflusst hat, war mein erster Chef nach Abschluss meines Studiums, Ulli Wolf. Er war ein Firmeninhaber der DEUTSCHEN TRAINING, ein Verkaufsgenie, Führungs- und Verkaufstrainer, Inhaber eines Trainingsinstituts mit 36 Mitarbeitern an drei so malerischen Standorten wie Hamburg, Mainz und Seebruck am Chiemsee und ein ausgebuffter Fuchs in Verhandlungen, ein Genie in Mitarbeiterführung und -Motivation.

Der dritte hieß Anthony Robbins. Ihn lernte ich durch meine kanadische Ehefrau kennen. Er war als Managementtrainer, Berater und Persönlichkeitscoach ein Guru. Nicht nur in Kanada und in den USA, sondern er besaß sogar weltweiten Ruhm. Das lag an seinem Buch »Unleash your Personal Power«, an seinen Vorträgen und Seminaren.

Er war ein typischer amerikanischer »Du kannst alles schaffen«-Trainer, aber dabei nicht zu selbstherrlich und deswegen immer noch sympathisch.

In seinem 10- oder 12teiligen Hörbuch »Unleash your personal Power«, gibt es ein ganzes Kapitel, welches sich »RASON-WHY« nennt. Hier lernen Sie, dass es nicht nur wichtig ist, sich Ziele zu setzen (so, wie ich es gefordert habe), diese aufzuschreiben und diese mit einem kalendarischen Endtermin zu versehen. Sondern wir als Erschaffer der Ziele müssen auch die Ursache bzw. den Hintergrund bzw. das Urmotiv, d.h., die Wurzel unseres Zieles kennen. Angenommen, Sie haben als Ziel, sie wollen 20.000,- Euro bzw. CHF pro Monat verdienen und Abteilungsleiter werden. Warum wollen Sie das? Wollen Sie das, weil Sie jetzt immer nur 2.000,- €/Chf brutto pro Monat verdienen, arm sind wie eine Kirchenmaus, und sich in einer Großstadt nur eine 1-Zimmer-Wohnung leisten können, **aber eine 4-Zimmer Penthouse-Wohnung bewohnen wollen?** Dann wäre dies das Motiv »Statusbedürfnis«. Der Reason-Why würde dann »Penthouse-Wohnung« heißen.

Angenommen, Sie wollen das oben genannte Ziel erreichen, weil ihr Vater Ihnen alles verboten hat, was Geld kostete und Sie in der Kindheit schlecht behandelt oder sogar gemobbt hätte, Ihnen gesagt hätte, »du wirst es sowieso nie zu etwas bringen«, dann wäre ein mögliches Motiv => »Rache / Kampfgeist / Wettbewerb«. Man denkt, Vater hatte immer maximal nur 3.000,- € / CHF pro Monat- ich werde mit € 10.000,- eines Tages dreimal so viel verdienen wie er. Und am Ende werde ich ihm beweisen, dass ich besser bin als er. Das wäre dann ein ganz anderes Motiv. Der Reason-Why heißt: **»(Wettkampf) Ich schaffe viel mehr als mein Vater (mir jemals zugetraut hat)«.**

Angenommen, Sie wollen viel verdienen, weil Sie immer für einen Hausbau sparen wollten, bisher aber nie einen einzigen Euro / Franken dafür zurücklegen konnten. Und bei der ersten Gehaltserhöhung von € 3.000.- auf 4.000,. € /CHF fangen sie damit an. Sie hängen sich ein Bild an die Wand von Ihrem zukünftigen Mehrfamilienhaus am Genfer See. Und plötzlich sparen Sie 1.000,- CHF pro Monat, was Sie bisher NIE getan hatten. Dann ist es das Motiv: »Sparen / Zukunftsvorsorge«. Und der Reason-why heißt »Eigenes Haus«.

Fazit: Es motiviert also noch mehr, wenn wir nicht nur wissen, was uns unser Ziel ist, sondern wenn wir darüber hinaus noch eine Vorstellung haben, warum wir etwas tun / warum wir das Ziel erreichen wollen.
Es tut einfach gut, das dahinterliegende Motiv zu kennen – bei positiven wie bei negativen Ereignissen. Ich erlebte den Fall, dass mein Schwiegervater sich umbringen wollte. Ich fand ihn halbtot auf dem Boden seiner Wohnung liegend

vor, und fragte mich – warum? Sehr viel später erfuhr ich, er litt unter BURNOUT, er war einsam, er hatte keine Freunde und keinen Kontakt zu seiner Familie. Hätten wir das früher gewusst, hätten wir ihm früher helfen können …
Der Mann meiner Cousine hat sich erhängt. Okay. Die eine Seite ist: Er ist tot. Das ist eine unbestreitbare Wirklichkeit und wir können die Fakten nicht zurückdrehen. Aber die andere, bohrende und quälende Frage, vor allem für seine Frau lautete, warum? Was war der Grund dahinter?
War es Überschuldung, Überlastung, Überforderung? Das Gefühl, »ich bin fremdbestimmt. Das schaff ich sowieso nicht«? Wer kennt das nicht? Warum hat er uns nicht eingeweiht?
Gerade heute hat mir ein sehr erfolgreicher Verkäufer von Autoteilen, erklärt, dass er Gartenbauingenieur werden wolle und am liebsten mit Holz arbeite. Okay.
Aber warum? Was war der Reason-Why? Er hatte die Nase voll von Zahlen, Absatz, Umsatz, Deckungsbeitrag und Gewinn. Er wollte einfach nur »das Gras wachsen sehen – den Baum einpflanzen – zurück zur Natur«.
Gut zu wissen, was den Menschen antreibt. Manchmal rennen wir Dingen hinterher, ohne zu wissen, warum. Ich will einen BMW 5er, eine große Villa, eine Luxus-Kreuzfahrt in die Karibik, eine Weltreise, eine Haus in Thailand am Strand. WARUM?
Die Ziele, die uns treiben, sind schon wichtig. Aber wenn es keine wirklichen Gründe gibt, die dahinter liegen, dann verfällt das Ziel auch schnell wieder zu Staub. Ich z.B. wollte 1996 auch schon einen 5er BMW, ein Haus am Meer und ein Boot. Als es aber für das Boot keine wirklichen Hintergründe (außer Prestige) gab, habe ich das Boot

als Ziel gestrichen und es ist mir auch nie mehr wichtig geworden.

S: Studium – Erfolg auf der Baumspitze

Ich suchte schon immer das Abenteuer und beruflich wollte ich Führungskraft und Manager werden. Außerdem war mein Vater Berufssoldat und ein ranghoher Offizier gewesen. Was lag dann näher, als mich für die Offiziersausbildung zu bewerben?

Im Alter von 16 Jahren gewann ich bei einem Preisausschreiben »10 Tage Rundreise durch die Welt der Bundesmarine«. Ich fuhr dort auf Schnellbooten, Minensuchbooten, Zerstörern, flog mit dem Seenotrettungs-Hubschrauber SEA KING, besuchte die U-Boote, die Kampfschwimmer und zum Abschluss der Tour flogen wir zwei Tage mit der BREGUET ATLANTIK nach Paris. Dort gingen wir auf der Champs-Allysees zum 5-Gang-Dinner und wir besuchten den Militärattacheé. Dieser trug eine weiße Marineuniform mit goldenen Knöpfen, eine Kapitänsmütze mit goldenem Eichenlaub und repräsentierte Deutschland im Ausland. Spätestens ab diesem Zeitpunkt war für mich klar: Ich werde Marineoffizier.

Mit 18 bewarb ich mich bei der Offizierbewerberprüfzentrale als SaZ 12 (Soldat auf Zeit) einschließlich Studium der Wirtschaftswissenschaften an der Hochschule der Bundeswehr.

Leider gab es keine Studienplätze für Wirtschaft mehr, sondern nur noch für Maschinenbau, Elektrotechnik oder Luft- und Raumfahrttechnik. Da ich ein leidenschaftlicher Nichttechniker bin, entschied ich mich daraufhin, zunächst auf das Studium zu verzichten und nur als SaZ 4 Marineoffizier zu werden. Dazu muss man wissen, dass von ca. 100 Bewerbern damals nur maximal 7 Personen genommen wurden, so hart waren die Kriterien der Auslese. Auch

schafften von 120 jungen Matrosen nach wieder nur maximal 70 den Abschluss, weil immer wieder durch Prüfungen und Test ausgesiebt wurde.
Ich begann nach dem Abitur mit 19 an der Marineoffizierschule in Flensburg. Dort bekamen die jungen Kadetten ihren ersten Schliff. Wir absolvierten acht verschiedene Lehrgänge an acht verschiedenen Einsatzorten, 20 verschiedene körperliche und geistige Prüfungen, den ganzen Drill des Militärs, gewürzt mit dem Zauber der Seefahrt. Schon damals arbeitete ich mit dem Phänomen der Visualisierung. Ich stellte mir immer wieder mich im Bild einer edlen dunkelblauen oder weißen Uniform mit goldenen Knöpfen vor. Schon zwei Jahre später und mit nur 21 Jahren war ich Fähnrich zur See, Ausbilder, angehender Offizier und Führungskraft von 30 Soldaten. Mit 22 Jahren wurde ich dann zum Leutnant zur See befördert und trug dann stolz die dunkelblaue Uniform mit den goldenen Accessoires des Marineoffiziers. Ich war damit der jüngste Offizier an unserem Standort, an der Marineunteroffizierschule in Plön. Dort bildete ich dann selber schon wieder Unteroffiziere aus. Bis dahin also eine steile Karriere. 1982 bis 1986 gab es dann in der gesamten Bundeswehr einen großen Beförderungs- und Verwendungsstau. Man sagte uns an, dass wir jungen Leutnante in den nächsten zehn Jahren so gut wie keine Aufstiegschancen zum Kapitänleutnant haben würde, Und darüber hinaus – weiter oben – Stabsoffiziersstellen gebe es gar keine. Also blieb ich noch an der Marineschule bis zum Ende meiner Dienstzeit und bewarb mich dann für eine zivile Laufbahn als Manager in der Industrie. Ich war jung und wollte Karriere machen.
Mit 23 stieg ich also in die Wirtschaft ein und absolvierte eine Ausbildung zum Projektmanager und Industrieanla-

gen-Fachwirt, aber stellte im Alter von 27 Jahren schon fest, dass ich im Business Management – ohne Studium – nicht wirklich weiterkommen würde. Ich malte mir aus, dass ich auf ewig lange Zeiten Exportsachbearbeiter und nicht wirklich Führungskraft werden würde. Also entschied ich mich für das Studium der Wirtschaftswissenschaften, so wie es mit 19 schon einmal mein Plan war.

Erschwerend kam hinzu, dass ich gerade geheiratet hatte. Und ich hatte kein Geld, um das Studium zu finanzieren. Gottseidank ist meine damalige Frau dann in die Bresche gesprungen, hat voll gearbeitet und mich dadurch die ganze Studienzeit finanziell unterstützt. Andere Menschen sagten mir zu der Zeit: »Du hast es gut. Du kannst studieren gehen und deine Frau muss arbeiten.«

Nun, da war schon etwas dran. Aber ich wollte das Studium ja nicht nur irgendwie und zum Spaß machen. Ich wollte damit ja schließlich später arbeiten und dann meine Frau und eine Familie für den Rest meines Lebens finanzieren und versorgen. Und mit dem Studium wollte ich einen so guten Manager-Job erzielen, dass sie nie mehr hätte arbeiten gehen müssen. Das war der Plan. Ich mache das Studium, bekomme einen Job als Top-Manager, versorge die Familie, sie kann sich zu Hause um die Kinder kümmern – und alle sind glücklich.

Um diese Lebensgrundlage zu schaffen, wollte ich das Studium nicht irgendwie machen:

- Ich wollte der Beste sein.
- Ich hatte das Ziel, das Studium mit einer »Eins« abzuschließen
- Und ich wollte von 120 Studenten meines Jahrgangs der beste Absolvent zu sein.
- Yes!

Also lernte ich wie ein Tier. Schon am Ende des ersten Semesters musste ich zehn Klausuren schreiben. BWL, Produktionslehre, Kosten- und Leistungsrechnung, VWL, Steuerlehre, Marketing, Beschaffung, Personalmanagement, Wirtschaftsrecht usw. Am Ende des zweiten Semesters folgten wieder zehn Klausuren. Am Ende des dritten Semester wieder zehn. Ich lernte nicht, ich machte eine Ochsentour. Tags zwölf Stunden an der Uni, abends am Wochenende studierte ich alles noch einmal nach. Ich schrieb alles nieder: Erst auf Blätter von Papier, dann auf Karteikarten (vorne die Frage, hinten die Antwort). Ich fertigte mir Mind Maps zu allen Themen an und trainierte so mein bildhaftes Gedächtnis. Ich besprach Audiokassetten mit Fragen und Antworten, sodass ich auch unterwegs im Auto und in der Bahn lernen konnte. Ich wollte die EINS. Ich wollte ganz oben stehen auf der Siegertreppe. Ich wollte der BESTE sein.

Es gab auch einen REASON WHY. Der Hintergrund meiner Leistungsmotivation lag darin, dass ich sooooo gut sein wollte, dass man mir danach Spitzenangebote für einen Spitzenjob machen würde. Ich wollte genug verdienen, um Alleinversorger der Familie sein zu können. Wohnungen waren damals schon teuer im Rhein-Main-Gebiet. Und ich kannte damals viele Paare, bei denen ständig beide Lebenspartner voll arbeiten mussten, damit sie nur einigermaßen überleben konnten. Das wollte ich um jeden Preis vermeiden. Durch diesen Hintergrund entwickelte ich NOCH mehr Motivation. Unsere damalige Wohnung hatte drei Zimmer, das Wohnzimmer nach vorne raus zur Straße, das Arbeitszimmer hinten heraus zum Garten, aus dem

Badezimmer-Fenster sah man nur die Wand des Nachbarhauses.

Abends und am Wochenende saß ich also an meinem Schreibtisch im Arbeitszimmer, blickte hinaus zum Garten und sah dort drei Tannenbäume. Sie waren alle unterschiedlich hoch. Links war der kleine (ca. drei Meter), rechts war der mittlere (ca. fünf Meter) und in der Mitte war der größte Baum (ca. fünfzehn Meter hoch). Die drei sahen aus wie das Podest einer Olympia-Siegerehrung. Links der dritte Platz = Bronze, rechts der zweite Platz = silber und in der Mitte = Gold für den ersten Platz.
Während ich lernte, blickte ich immer wieder den Baum in der Mitte an und sagte mir: »Dort oben wirst du stehen. Auf der Spitze dieses Baumes wirst du sein. Du wirst der Beste Deines wirtschaftswissenschaftlichen Jahrgangs werden. Du wirst eine EINS schaffen. Du wirst auf den Wipfeln dieses Baumes stehen und ganz oben auf dem Siegerpodest sein. Gratulation«, sagte ich zu mir.

Und so studierte ich und lernte ich und bereitete mich mit aller Konzentration auf die Prüfungen vor. Ich habe keine Chance ausgelassen zum Lernen und war total fokussiert.

Ergebnis:
Ich schaffte das Ziel Diplom-Betriebswirt mit einer Gesamtstudiumsnote von EINS KOMMA ZWEI. Ich wurde ausgezeichnet als bester Absolvent des Jahrgangs und erhielt dazu noch einen Preis der betriebswirtschaftlichen Gesellschaft e,V., der damals mit 5.000,- DM dotiert war. Außerdem kamen die Presse, die Professoren, Vertreter der Wirtschaft, alle unsere Kommilitonen und meine Familie und meine Freunde zur Diplomfeier. Wir feierten ein rauschendes Fest.

Ziel erreicht. Yes!

Mentale Grenze – das schaffst du sowieso nicht – überwunden.

T: Triathlon mit 41?

Erinnern Sie sich an die Marathon-Geschichte? Mit 40 wollte ich mir und der Welt beweisen, dass auch in DEM Alter noch etwas geht – sportliche Höchstleistungen und so. Ich war nur für die Medaille gelaufen und hatte mich damit die ganze Strecke über 42 km motiviert. Am Ende waren dann keine Medaillen mehr da. Nun, wie ist die Geschichte ausgegangen?

Die elektronische Zeitmessung war ja noch erfolgt, also war ich im Register der Läufer – einschließlich der gemessenen Zeit – auch erfasst worden. Ich schrieb den Sportdezernenten der Stadt Frankfurt an und bat ihn, mir eine Marathonmedaille zuzusenden. Das hat er dann auch postwendend gemacht. Ich erhielt eine Teilnahmebescheinigung, eine Urkunde und eine bronzefarbene Medaille an einem blauen Band – mit vier goldenen Sternen und dem Aufdruck »Frankfurt Marathon 2001«. Seitdem ziert diese Medaille meine Wand zu Hause.

Wie schon gesagt, war dieser Triathlon, trotz oder gerade wegen des schrecklichen Dauerregens über fünf Stunden lang ein Auslöser für NOCH MEHR SPORTLICHE HÖCHSTLEISTUNGEN. Der Marathonlauf war eigentlich nur aus zwei Gründen frustrierend gewesen. Erstens keine Medaille – aber die hatte ich ja letztendlich doch noch bekommen. Und zweitens – der Dauerregen.

Als ich mich einige Tage später wieder von dem Lauf erholt hatte, stellte ich mir die Frage: Wo scheint eigentlich fast immer die Sonne? Und was fiel mir auf diese Frage als erstes Reiseziel ein?

Viele Profi-Läufer und Amateurläufer machen inzwischen einen regelrechten Marathon-Tourismus um die ganze Welt. Sie laufen den New-York-Marathon (siehe Joschka Fischer). Sie laufen in London, Florenz, Barcelona, Athen, Tokyo oder den Two-Oceans-Marathon in Südafrika. Aber so weit wollte ich gar nicht gehen. Mir reichte ein Ziel, was einfach nur ein bischen mehr Sonne als Frankfurt versprach. Also: Mallorca! Warum nicht Mallorca?

Mallorca ist zwar früher oft wegen seines Massentourismus, dem Ballermann und den deutsch-englischen Bierkneipen oder zeitweilig als Putzfraueninsel in Verruf gekommen: Nichtsdestotrotz hat es landschaftlich immer noch alle Reize zu bieten: unendlich schöne Buchten, malerische Strände, attraktive Berge, Sonne und zauberhaftes blaues Meer. Da ich seit meinen Jugendjahren (viermal Spanienurlaub 1975 bis 1980) schon ein großer Spanienfan gewesen war, buchte ich wenige Tage nach dem Frankfurt-Erlebnis für den Dezember desselben Jahres die Teilnahme am CALVIA-MARATHON auf Mallorca.

Ich war zwar schon einigermaßen im Training, aber jetzt kam das Winterhalbjahr und ich musste wegen der frühen Dämmerung nun acht Wochen lang in der Dunkelheit trainieren. Man will ja auch nicht immer nur über den Asphalt trampeln, also rannte ich im Wald. Mit dem Problem, dass es dort nachts noch dunkler ist als anderswo. Nachdem ich bei meinen Trainingsläufen mehrfach über irgendwelche Wurzeln, Steine und sonstige Hindernisse gestolpert und gestürzt war, kaufte ich mir eine Kopflampe, um diese Unfallgefahr künftig zu vermeiden. Ich trainierte also wieder wie ein Weltmeister (fünf- bis sechsmal die Woche) und machte dadurch nicht nur bei der Ausdauer, sondern auch beim Tempo gute Fortschritte. Mein Ziel war es, meinen zweiten Marathon unter der magischen Marke von vier Stunden zu laufen. Wieder so eine mentale Grenze!

Das bedeutete bei meiner Ausgangssituation, ich musste auf 42 Kilometer etwa ein ganze Stunde schneller werden. Obwohl man ja im Training nie wirklich die 42 Kilometer läuft, hatte ich mich – nach meinen Beobachtungen und Messungen – bei 20 und 25 Kilometern, ganz gut an die nötigen Zeitvorgaben herangearbeitet. Nun kam zwar hin und wieder ein Zipperlein und eine Erkältung dazwischen, aber am 10. Dezember desselben Jahres ging ich in Calvia / Mallorca an den Start.

Ich war gut vorbereitet und im Dezember 2001 war das Wetter so gut, wie ich es erwartet hatte. Es war ein strahlend schöner Tag mit viel Sonnenschein bei ca. 15 Grad. Interessanterweise waren auch nur 800 bis 1000 Läufer am Start, nicht 20.000 wie in Frankfurt. Dies war sehr angenehm, denn dann gab es beim Start nicht dieses fruchtbare Gedränge und Geschubse, wie man es von anderen Marathonläufen kennt. Und so begann ich mit sehr hohem Tempo. Die Landschaft war traumhaft schön. Wir liefen leicht bergauf und hatten hinter jeder Kurve immer wieder neue traumhafte geniale Ausblicke auf die Küste, in der sich das Meer glitzernd blau im Schatten des kristallblauen Himmels widerspiegelte. Und diese Buchten, immer wieder neue interessante Buchten, teils mit bizarren Gesteinsformen, teils mit feinen Kiesel- oder Sandstränden.

Bei Kilometer 15 schon merkte ich meine Beine. Wie kam das? Nun, ich hatte zwar eine Mords-Kondition aufgebaut im Flachland, auf der Straße und im Wald, aber hier lief ich gegen die Berge. DIESE Art von Steigungen hatte ich nicht eingeplant, nicht trainiert und auch nicht vorhergesehen. Bei Kilometer 22 war ich schon relativ platt, aber ich kämpfte weiter. Zwischen Kilometer 25 und 30 waren die glorreichen Ausblicke auf das Meer verschwunden und wir liefen durch das Inland. Eigentlich war ich am Ende. Wie zuvor kam zwischen Kilometer 30 und 35 der »Mann mit dem Hammer«.

Der sagte zu mir: »Hör auf. Du schaffst es nicht. Die Berge sind zu steil. Gib endlich auf, du Trottel. Du bist auch eh zu alt für diesen Sport. Guck die anderen an. Die sind 20 und 30. Aber du?«. Leute, ich sage euch, dass war schon keine mentale Grenze mehr. Das war MENTALES

ALCATRAZ. Ich hatte schon zwei Hemden durchgeschwitzt und weggeworfen, keine Energie mehr, muss kaputt, niedergeschlagen und gequält ausgesehen haben. Ich fühlte mich wie ein zerschlagenes Ei. Wie ein Boxer, der 14 Runden lang Schläge von Muhammed Ali bekommen hat und ganz kurz vor dem »Knock out« steht.

Da tauchte neben mir ein etwa ebenfalls 40-Jähriger, braungebrannter Spanier auf, der den Berg hochrannte wie ein junger Gott. Der sah mich, gab mir die Hand, zog mich weiter, schob mich, guckte mir in die Augen und brüllte mich mit seinem breiten Grinsemund an: »ANIMO!«

Das heißt etwa so viel wie bei uns: »Hau rein!« Ich hörte erst nicht zu oder schüttelte den Kopf. Dann schüttelte er mich, wiederholte seinen Ruf mehrmals: »ANIMO! ANIMOH! AAANIIIMOOO!!!«, tönte es zu mir wie zu einem angezählten Boxer, denn auch ich taumelte schon zu Boden. Aber mein unbekannter, spanischer Freund zog mich hoch. Was um alles in der Welt heißt »Animo«? Ich dachte, es heißt »du schaffst es« und lief weiter. Ich habe es später im Wörterbuch nachgeschlagen und fand die genaue Bedeutung, die da hieß: »Ich ermutige dich!«

Mit seiner Motivationshilfe überwand ich die Grenze und besiegte meinen inneren Schweinehund auch die nächsten ca. fünf Kilometer mit seiner Unterstützung. Bei Kilometer 40 – da sah ich in der Ferne das Tor zum Ziel, was mit einer riesigen Coca-Cola-Werbung versehen war. Jetzt lief ich wieder wie neu und dachte nur noch: »Cola, … Cola, ... Coca-Cola.« So rettete ich mich über die letzten zwei Kilometer und rannte mit Blasen und Krämpfen ins Ziel. Dort angekommen, fiel ich buchstäblich um und in die Arme von mehreren Rettungssanitätern. Die legten mich auf eine Trage und trugen mich ins »Lazarett«. So nannte ich das riesige Zelt, in dem die stöhnenden, leidenden und kollabierten Sportler mit Coca Cola, Zitrone, Wasser und Massagen wieder fit gemacht wurden.

Mein kräftiger, dicker, kleiner und gedrungener Masseur sah aus wie ein Ringkämpfer und genauso griff er auch in meine Waden, als er mich massierte. Ich schrie zunächst laut auf, dann wurde er etwas sanfter mit seiner Wadenmassage. Die Beinmassage war zwar dann immer noch sehr schmerzhaft, aber ich spürte auch irgendwie, dass sie half. Diese Tortur von zerquetschenden Händen auf meinem Körper dauerte etwa eine Stunde und das kam mir vor wie eine Ewigkeit. Erst dachte ich, der Mann will mich töten. Doch später, am selben Tag, und auch zwei bis drei Tage später hatte ich trotz aller Extrembelastung des 42-Kilometer-Berglaufs KEINE SCHMERZEN mehr.

Marathon Nr. 2 nicht unter 4 Stunden, aber in 4 Stunden 20 geschafft.

Ich weiß, ich schulde Ihnen immer noch die Antwort auf die Frage: Wie kam ich denn nun zum Triathlon? Ganz einfach. Von der ganzen Rennerei bekam ich intensive Rückenschmerzen. Damit ging ich zu einem Sportmediziner und Orthopäden und fragte ihn: »Früher habe ich keinen Sport gemacht und hatte keine Rückenschmerzen. Heute laufe ich sechsmal pro Woche und habe Rückenschmerzen. Wie kommt das denn?«
»Nun«, sagte der Doktor, »das ist Ihre einseitige Belastung. Sie schlagen mit Ihrer Wirbelsäule immer – Stump, Stump, Stump – die Füße auf dem harten Asphalt auf und verursachen dadurch Ihre Rückenschmerzen. Wenn ich Ihnen einen Tipp geben darf: Sie sollten auch noch schwimmen und Fahrrad fahren – dann geht das weg ...«
Gesagt, getan. Kaum war ich aus Mallorca zurück, fuhr ich zum »Triathlon-Shop Wein« in Mainz.
Ich drückte mir die Nase am Schaufenster platt, denn dort darin stand es. Es war knallgelb. Schlank. Sportlich. Rasant. Elegant. Und rassig. Und aus Italien. Die Marke hieß BIANCHI. Es war die Waffe. Und ich war davon total begeistert. Kostenpunkt in 2001: Fünftausend Deutsche Mark bzw. zweitausendfünfhundert Euro. Ein stolzer Preis, Aber für so eine Rennmaschine, dachte ich, hätte ich sogar 3.000 Euro ausgegeben.
Also hin. Nix wie rein in den Laden und ich hatte sogar extra hinreichend Geld von der Bank geholt. Und ich fragte den Verkäufer: »Moin, moin, ich habe das BIANCHI-Fahrrad da draußen im Schaufenster gesehen. Kann ich das haben?« Der Verkäufer musterte mich, als wenn ich nicht alle Tassen im Schrank hätte, und fragte mich: »Haben Sie einen Termin?«

Ich sagte: »Nee. Sie ham mich nicht richtig verstanden. Dat gelbe Fahrad da draußen, das will ich kaufen.«
Er wiederholte sich: »Ham Sie nen Termin?«
Ich dachte, ich glaub's nicht. Wie kann denn ein Mensch so ein Trottel sein?= Ich biete ihm € 2.500,- an, und der will nicht verkaufen.
Ich wurde pampig: »Sagen se ma, verstehen Sie mich nich? Ich will das gelbe Fahrrad kaufen. Ist dat so schwer zu kapieren?«
Da konterte der Verkäufer? »Okay. Wie lang ist Ihr Oberschenkelhalsknochen von der Hüfte bis zum Kniemittelpunkt? Und wie lang soll denn der Vorbau sein?«
Ich sagte: »Wat für ein Vorbau? Ich bin keine Frau. Ich will das Fahrrad!«
Der Verkäufer erwiderte ganz ruhig: »Wie viel Zentimeter ist der Abstand von Ihrer Fußsohle zum Mittelpunkt des Knies im gebeugtem Zustand?«
»Weiss ich doch nicht«, herrschte ich ihn an.
»Na, sehn se, dann brauchen Sie nen Termin!«, triumphierte der Fahrradverkäufer.

Okay, ich hatte verstanden. Ein Rennrad gab's nicht von der Stange, sondern nur höchst individuell. Der Berater versprach mir dann auch bei dem Termin, dass das Fahrrad nach Vorliegen meiner Daten ganz spezifisch und höchst individuell für mich angefertigt werde und dass danach außer mir niemand sonst mehr damit fahren könne.
Okay. Das war der Startschuss für den Triathlon. Nach den drei bis vier Tagen hatte ich einen Termin. Nach drei bis vier Wochen hatte ich meine knallgelbe BIANCHI-Rennmaschine. Das Fahrrad fahren mit dem Rennrad machte mir dermaßen viel Spaß, dass ich im Frühling und

Sommer um 04.30 Uhr aufstand, um von 05 Uhr bis um 07 Uhr schon mal 40 bis 50 Kilometer Trainingseinheit auf dem Rad zu absolvieren. Na klar, für zehn Kilometer holen Sie das Rennrad gar nicht aus der Garage. Das bringt ja eh nichts.

Also los ging´s. Ich trainierte dreimal Laufen, zweimal Fahrrad rasen und einmal Schwimmen pro Woche. Zielsetzung war es, im Sommer 2002 einen Triathlon der Olympischen Distanz zu absolvieren. Das bedeutet: 1,5 Kilometer Schwimmen, 40 Kilometer Radfahren und 10 Kilometer Laufen. Das kann eigentlich jeder einigermaßen trainierte Sportler.

- Die Frage ist dann schlussendlich nur, in welcher Zeit man es schafft.

Also setzte ich mir das Ziel: Drei Stunden für alles. Das hieß, maximal 35 Minuten für die Schwimmdisziplin, maximal 1,5 Stunden für das Rennrad-Fahren (das entspricht schon einem Tempodurchschnitt von 27 km/Std, auch am

Berg) und 55 Minuten für den 10-Kilometer-Lauf. Beim Training jeder Disziplin in DIESER Reihenfolge stellte ich fest, dass das Schwimmen (schon immer meine beste Disziplin) gut zu schaffen war, das Radfahren war je nach Anzahl der Höhenmeter schon sehr herausfordernd für mich, weil ich mit dem Rennrad eigentlich noch gar keine Erfahrung hatte. Ich brauchte für die 40 Kilometer Rad zu Beginn so 120 Minuten. Danach folgte ja noch der 10-Kilometer-Lauf.
Eigentlich ist es kein Problem, als trainierter Sportler zehn Kilometer in einer Stunde zu laufen. Aber zuvor haben Sie ja schon 1500 Meter im Wasser und 40.000 Meter auf dem Rad absolviert. Und das macht irgendwie müde.

Also, wenn ich meine Ergebniszeiten von 35 Minuten Schwimmen, 120 Minuten Rad und 75 Minuten Lauf zusammenzählte, kam ich auf 230 Minuten, was fast vier Stunden entspricht. Wenn man auch nur im Entferntesten bei einem solchen Wettkampf erfolgreich sein will, muss man die Maximalzeit auf unter drei Stunden herunterschrauben. Um zu gewinnen, muss auf jeden Fall eine Zeit unter zweieinhalb Stunden her. Und zwar für alles. Das schien UTOPIA zu sein. DAS SCHAFFST DU NIE, sagte der Kopf.

Glauben Sie's mir oder glauben Sie's nicht. Ich habe fünf Jahre lang den olympischen Triathlon gemacht. Nie den Großen. So etwas wie IRON MAN in HAWAI hätte 3,6 Kilometer Schwimmen, 180 km Fahrrad und danach 42 km Marathonlauf bedeutet. Dann hätte ich aber siebenmal pro Woche täglich zwei bis vier Stunden trainieren müssen. Das wäre mit dem Beruf des Unternehmensberaters unvereinbar gewesen. Aber bei der Olympischen Distanz: 1,5 Kilometer Schwimmen, 40 Kilometer Rad und 10 Kilometer laufen – da hab ich's geschafft. Schon im zweiten Jahr war ich deutlich unter der drei-Stunden-Marke. Ich habe mindestens sieben solcher Wettkämpfe absolviert und nie gewonnen, aber ich war stets gut dabei.

Wissen Sie, wie ich das geschafft habe? Das war nicht wirklich ich, der diese Leistung vollbracht hat. Die Zuschauer haben mich getragen. Es ist ein unglaubliches, aber wahres Phänomen, dass Sie im Wettkampf viel mehr Adrenalin und Energie freisetzen als im Training. Und mit dem Support von 10.000 Menschen am Straßenrand wird's noch besser. Und so kam es, dass ich sowohl beim Zeilharder Triathlon in Hessen 2002 als auch beim Leverkusener Triathlon mit den Bundesligisten 2003 klar unter der drei-Stunden-Marke geblieben bin.

Es war Sommer, aus den Lautsprechern tönte Rockys Boxer-Musik der Sieger. Der Stadionsprecher heizte ein, die Zuschauer jubelten und feuerten einen an. Dadurch pflügt man durch das Wasser, man schießt im Tiefflug (wie ein Affe auf dem Schleifstein) über den Asphalt und man fliegt mit den Nikes über den Boden wie eine Kugel aus dem Lauf.

Die begleitenden Menschen machen den Unterschied. They make the wind of change …

Und wir Athleten machen das Unmögliche möglich!

TRIATHLETINNEN IM INTERVIEW
NADIN
EULE-MAU

U. Ulli Wolfs Tod – Ein Neuanfang

Der Tod ist mit Sicherheit eine mentale Grenze. Wenn nicht der Tod, was dann?
In der Regel haben alle in der westlichen industriell ausgeprägten Gesellschaft aufgewachsenen Menschen Angst vor dem Tod. Warum eigentlich? Ich denke, dass es zunächst einmal die Angst oder Unsicherheit vor dem Unbekannten. Was erwartet uns nach dem Leben? Was ist das Ende?
Himmel oder Hölle, ein großes schwarzes Loch, das Paradies oder ein Wandeln auf den Wolken mit all den anderen Verstorbenen? Wer weiß das schon. Genau das ist es.
Wir wissen es nicht. Es liegt jenseits unserer Vorstellungskraft! Na, wenn das keine mentale Grenze ist.
Es gibt zwar Berichte von Menschen, die klinisch tot waren und dann ins Leben zurückgekehrt sind, aber die kamen ja zurück ... Wie sieht es aber im Jenseits aus, wenn wir im Jenseits bleiben? Neben der oben beschriebenen Unsicherheit ist noch ein weiterer Faktor die Ursache für unsere Angst. Uns fehlt der Glaube. Wer an Gott glaubt, hat durch den Glauben einigermaßen Gewissheit oder zumindest die Ahnung, dass es eine => **Vergebung der Sünden, Auferstehung der Toten und das ewige Leben geben könnte. Wer aber nicht an Gott glaubt, was hat derjenige dann?**

Ich weiß aus Wikipedia, dass in Deutschland ca. 56 Millionen Menschen irgendeiner Kirche angehören. Aber wie wenige üben den Glauben täglich aus und bekennen sich dazu? Und selbst dann, wenn sie das tun, würden sie fest an ihre eigene Auferstehung oder ein Leben nach dem Tod glauben? Nach meinen Beobachtungen und Erfahrungen wären das maximal 5% der Gläubigen, also drei Millionen Menschen. Bei einer Bevölkerung von 82 Millionen blieben dann 79 Millionen übrig, die ängstlich, stark verunsichert und zum Teil erstmal orientierungslos sind, wenn ein Mensch stirbt.

Genauso fühlte ich mich im Jahr 1996, als Ulli Wolf starb. Wer ist den dieser Ulli Wolf gewesen? Nachdem ich im Januar 1993 mein Studium erfolgreich absolviert hatte, bewarb ich mich bei drei Unternehmen als Trainee zum Management Trainer. Aufgrund meiner guten Noten hatte ich am Ende des Auswahlprozesses zwei Stellen sicher. Eine Stelle war ein Job als zukünftiger Führungskräftetrainer bei der R & V Versicherung AG und die andere war eine Position als Managementtrainings-Trainee bei der Deutschen Training, Sales & Management Training. Ich entschied mich relativ schnell für die zweite Option, weil ich in der Unabhängigkeit und Vielseitigkeit des drittgrößten Trainingsinstitutes Deutschland meine große Chance sah.

Ich dachte, nach dem Studium, ich sei fertig mit dem Lernprozess, aber diese Annahme war »weit gefehlt«. Unser Firmeninhaber war eine graue Eminenz. Er war 50+ und sprühte vor Raffinesse, Erfahrung, Kreativität und Intelligenz. Abgesehen von meinem Vater und meinem Professor an der Hochschule war er mit Abstand der Mensch, bei dem ich am meisten gelernt habe in meinem ganzen Leben. Er hatte mehrere Know-How-Patente in den USA erworben und konnte auf dieser Basis die Firma Deutsche Training als »German Center of Leadership Studies« etablieren.

Durch die Know-How-geschützten Trainingskonzepte, sein professionelles Trainerteam, den Namen »Deutsche Trai-

ning« und stetige Höchstleistungen konnte Ulli Wolf innerhalb weniger Jahre einen Megaerfolg verbuchen. Wir hatten drei Niederlassungen, ca. 30 Trainer, und ca. zehn Innendienstkräfte, die uns den ganzen administrativen Ballast abgenommen haben.
So konnten wir uns als Trainer im Seminar voll auf das Training und nebenbei auf die schönste Sache der Welt konzentrieren: den Vertrieb. Der Laden blühte, das Geschäft boomte. Wir machten mit den 30 Köpfen 12 bis 16 Millionen Umsatz, bekamen alle schwarze Firmenwagen der Marke Mercedes, BMW oder Audi (diese Marken waren Pflicht) und trainierten die Führungskräfte von der dänischen Grenze bis nach Wien und Zürich, ja sogar Anfragen aus London und Los Angeles wurden an uns herangetragen.
Das alles war Ulli Wolf`s strategischem Superhirn zu verdanken. Er war in seiner Eigenschaft als Firmenrepräsentant deutsch-national, was aber überhaupt nicht politisch zu verstehen, sondern rein geschäftspolitisch zu sehen war. Durch die erfolgreiche Betonung des »Deutschen« in der Firma »Deutsche Training« zogen wir große Aufträge von Bundesministerien, Landesversicherungsanstalten, Schulen, Behörden, und sonstigen öffentlichen Einrichtungen von Bund, Ländern und Gemeinden an Land.
Ich habe von ihm und seinen Cheftrainern gezielt Seminarinhalte, die Methodik, die Didaktik und das Stilelement der Dramaturgie im Seminarverlauf gelernt. Tipps & Tricks, mit denen man jedes Seminar zum Erfolg führt. Und ich habe mir noch drei Dinge abgeguckt, die viel bedeutender waren: zielorientiertes Handeln, taktische Angebote und abschlusssicheres Verkaufen.

Ulli Wolf verkaufte nicht, er hörte den Kunden zu, sagte ein, zwei Sätze und ließ den Kunden kaufen. Er verkaufte das Mögliche, das Unmögliche oder manchmal etwas, von dem er selbst gar nicht wusste, ob es funktioniert.

Ich bin bei etlichen Verhandlungen dabei gewesen Die Beste war, als er einem Kunden 1994 das Projekt »Handlungskonzept 2030 = Die Zukunft des Managements der Fa. X« verkauft hat. Das beinhaltete deren zukünftige Firmen-Strategie, ein Zielsystem und marktgerechte Maßnahmen für Marketing, Vertrieb und Öffentlichkeitsarbeit der Fa. X für die nächsten 30 Jahre. Er hatte keine Ahnung davon, wie er das realisieren würde, aber er hat es dem Kunden verkauft. Als der Kunden fragte, was das kosten würde und wie lange es dauern würde, so etwas zu realisieren, antwortete Ulli Wolf (UW) sofort, wie aus der Pistole geschossen: »Das Projekt kostet 1,2 Millionen Euro und das dauert 18 Monate.«

Der Kunde sagte: »Oh, das ist viel zu teuer.«

Da erwiderte UW: »Okay, wenn Sie heute noch abschließen, bekommen Sie es für 600.000.«

Der Kunde hat sofort eingewilligt. Wie sich später herausstellte, hatte UW keinerlei Kalkulation gemacht, sondern die Zahlen waren komplett aus der Luft gegriffen. Aber zwei meiner Kollegen und ich haben das Projekt tatsächlich innerhalb der vorgegebenen 18 Monate erfolgreich in die Tat umgesetzt. DAS war der größte Erfolg meiner Geschichte als UNTERNEHMENSBERATER.

Er hat uns alles beigebracht, was er wusste, Verkaufstechniken rauf und runter. Er hat einmal zwei Tage ein Einwandbehandlungstraining nur mit EINEM EINZIGEN EINWAND (=Ware zu teuer) so spannend gestaltet, dass die Kunden sagten, es sei kurzweilig und interessant gewesen. Er hat uns großzügig entlohnt, gelobt, anerkannt, die besten Mitarbeiter mit Geldprämien, Firmenwagen, mit Gold und Diamanten geehrt. Er gab rauschende Weihnachtsfeiern in Luxushotels mit Trommeln, Sekt-Pyramiden, brasilianischen Tänzerinnen. Die musikalisch unterlegten Powerpoint-Präsentationen unserer Firma zeigten zweistellige Wachstumsraten.

Nach den drei besten »Lehrjahren meines Lebens« hat sich Ulli Wolf erschossen.
Das war der Total-Schock für uns alle. Seine Ex-Frau, seine Familie, seine Partnerin, die Trainer und alle Angestellten waren komplett irritiert. Warum war das passiert? Auf die Gründe werde ich an dieser Stelle nicht näher eingehen. Vielleicht nur auf den Hergang, wie es sich ereignete – und nur das, was wir von seinem Tod erfahren haben.
Das Schlimmste war: Sein Selbstmord war von langer Hand geplant – und wir alle haben nichts davon gemerkt. Er hatte mehrere Abschiedsbriefe – nicht an uns Mitarbeiter – hinterlassen, sämtliche Schlüssel, Ausweise sowie Bank- und Kreditkarten in der Firma sauber aufgereiht und hinterlegt. Dann fuhr er mit seinem 600er Mercedes in den Wald, schloss ihn ab, breitete eine Decke aus, legte sich darauf und gab sich die Kugel – aus einer 44er Magnum.

Keiner seiner Nachkommen und keiner von uns konnte die Firma finanziell übernehmen oder weiterführen. Ergebnis: Sie wurde von Amts wegen liquidiert.

Wir stürzten vom himmelhoch-jauchzenden Erfolg in das Drama der Arbeitslosigkeit …

Erstens lebte ich gerade in Scheidung, hatte einen Riesen-Stress mit Frau und Kind und gerade eben erst eine Eigentumswohnung für 200.000 Euro auf Kredit gekauft. Dann brachte sich mein Chef, Tutor, Firmeninhaber um und jetzt auch noch der Verlust meines Arbeitsplatzes. Hammer!

Hier war wieder so ein Punkt in meinem Leben, wo ich dachte: Jetzt geht's nicht weiter. Mentale Grenze oder was auch immer. Das ist das Ende. Game Over!

Aber in kaufte mir kurzerhand ein Ticket, flog nach Kanada und setze mein Ziel »Haus am Meer« um. Während des vier-Wochen-Aufenthaltes zur Realisierung meines »Mobile Home Projektes« = Hütte in Kanada am Meer bauen bis zum 31.12.1996 – passierten ganz viele Dinge:

1. Ich lernte eine neue Frau in Kanada kennen.
2. Ich baute ein »Haus am Meer«.
3. Ich traf eine Entscheidung FÜR den Sprung in die Selbstständigkeit, die ich aufgrund meines hohen Freiheitsgrades nie bereut habe.
4. 

Natürlich hatte es zunächst Angst, Mutlosigkeit, Unsicherheit oder sogar Verzweiflung bei mir gegeben, aber durch die Ziele und ein Bild von der Zukunft bin ich innerhalb kürzester Zeit wieder auf die Füße gekommen. 1996 habe ich mit Hilfe zweier Kunden und eines Selbstständigen-Förderprogrammes nur überlebt.
Aber schon zwei Jahre später führte ich selbst eine erfolgreiche Firma als Managementtrainer und -berater. Ohne Ulli Wolfs Tod hätte ich das nie geschafft.

V. Vision und Visionen

Was ist eine Vision?

Dazu sagt Wikipedia: Eine **Vision** ist, im weiteren Sinne:

- Eine Erscheinung
- Das innere Bild einer Vorstellung, meist auf die Zukunft bezogen
- Die langfristige Ausrichtung eines Unternehmens, siehe dazu auch Strategie
- Eine optische Sinnestäuschung, siehe Halluzination
- Eine Pseudohalluzination

Auf den dritten Punkt der Liste würde ich hier gerne näher eingehen. Meine Kollegen und ich haben mehrfach Strategie-Projekte des Managements namhafter Unternehmen übernommen. Neben dem Strategieprojekt »Handlungskonzept 2030, Zukunft der Management-Strategie, Marketing, Vertrieb und Öffentlichkeitsarbeit der Firma X« hat meine Firma u.a. von November 2014 bis April 2017 in Nordrhein-Westfalen ein Großprojekt zum Thema »Unternehmensleitbild 2025 für die Fa. Y« realisiert.

Unternehmensleitbilder, Visionen, Bilder von der Zukunft …

Wozu das alles?

Es liegt in der Natur des Menschen, immer weitere Verbesserungen anzustreben. Visionen berühmter Menschen und realisierte Visionen der Menschheitsgeschichte sind laut »Welt.de« und laut »tenoftheday.de« unter anderen:

1837 Heinrich Göbel arbeitete an der Vision des künstlichen Lichts
1854 Heinrich Göbel / Thomas Edison erfinden die Glühbirne
1859 Philip Reis / 1976 Graham Bell erfinden das Telefon
1866 Werner von Siemens erfindet den Dynamo und
1881 Die Straßenbahn
1885 Gottlieb Daimler erfindet das Motorrad
1886 Daimler und Benz erfinden das Automobil
1890 Erste Radiosendungen von Opernaufführungen aus Paris
1893 Rudolf Diesel erfindet den Dieselmotor
1894 Otto Lilienthal erfindet das Gleitflugzeug
1902 Robert Bosch erfindet die Zündkerze
1903 Das Flugzeug wird von den Gebrüdern Wright erfunden
1925 Oskar Barnack erfindet die Kleinbildkamera
1928 Fritz Pfleumer erfindet das Tonband
1930 Martin von Ardenne erfindet das Fernsehen / zuvor
1906 Max Diekman
1938 Otto Hahn erfindet die Kernspaltung

1941 Konrad Zuse erfindet den Computer
(Charles Babbage / Ada Lovelace 1837)
1952 Rudolf Hell erfindet den Scanner
1960 - 1970 Das Internet als Vernetzung aller PCs wird an US-amerikanischen Unis erfunden
1975 Bill Gates hat die Vision »A Computer with MS-System on every desk in every home«

Vorher gab es hunderte von Beschränkungen des freien Lebens. Ohne elektrisches Licht würden wir in der Nacht immer noch mit Kerzen leuchten. Wir könnten ohne Strom und ohne Licht weder arbeiten noch irgendetwas produzieren. Ohne die Bahn, Motorräder und ohne Autos würden wir immer noch mit 15 km/h auf dem Pferd reiten, um von A nach B zu kommen. Ohne Flugzeuge würde eine Reise nach Amerika zwischen fünf und zehn Tagen, das heißt, mindestens fünfmal 24-Stunden, mit dem Schiff dauern.
Und vor der Zeit des Dieselmotors brauchte man mit einem Segelschiff von Europa nach Amerika ca. 33 Tage. Ohne die Erfindung der Kamera hätte es nie Bilder von Menschen und Landschaften gegeben, die heute alle per Whatsapp durch die Welt geschossen werden. Ohne Radio und Fernsehen gäbe es viel weniger Information über Nachrichten aus aller Welt. Und ohne Internet würden wir uns alle noch Briefe schreiben und wir würden mindestens 48 Stunden statt (heute) 48 Sekunden auf die Antwort warten. 1975 wurde Bill Gates für seine Vision ausgelacht, denn die meisten Menschen wussten 1975 gar nicht, was ein PC ist – geschweige denn, hielten sie einen für notwendig. 1990 hatte der PC sich schon durchgesetzt. 1983 besuchte ich als junger Offizier einen Vortrag über das zukünftige Internet und seine bahnbrechenden Möglichkeiten.

Wir hielten das damals alle für absoluten Quatsch, dass es so etwas einmal geben würde. Im Jahr 2001 nutzten das Internet laut »Statista« und laut »D21 Digital Index 2016« schon 37%, 2016 schon 79% der deutschen Bevölkerung. Heute wird das Internet bei den vierzehn- bis neunzehnjährigen Bürgern in Deutschland zu 100% und zwar bis zu 344 Minuten pro Tag genutzt und selbst bei den über siebzigjährigen sind es schon 25%, Tendenz steigend. Und laut Digital Index 2016 nutzen 44 Millionen Deutsche schon heute ein Smartphone.

Also worauf will ich hinaus?

Durch jede große technische Erfindung machte die Menschheit einen Quantensprung in der Entwicklung ihrer Möglichkeiten. **Zunächst existierte aber zu jedem Zeitpunkt VOR diesen Erfindungen die mentale Grenze**. Nicht nur einzelne Menschen, nein die ganze Bevölkerung glaubte VOR den Erfindungen, solch ein Ding wie z.B. das Fernsprechen über einen Draht sei komplett unmöglich.

Digital Shopping, Essen bestellen über eine Taste oder ein Fußballspiel live auf einem mobile Smartphone sehen => das waren vor 20 Jahren Dinge der Unmöglichkeit.

Heute lachen wir darüber, wie wir doch damals so dumm sein konnten. Aber nur deswegen, weil es eine Handvoll Menschen mit Visionen und durchtriebenem Ehrgeiz gegeben hat, die an die REALISIERUNG DES UNMÖGLICHEN geglaubt haben.

Schlussfolgerung: Wenn also die Vision EIN Mittel zum Durchbruch der mentalen Grenze ist, dann brauchen alle Unternehmen Visionen, um sich weiterzuentwickeln. So entwickeln derzeit manche Automobilhersteller die Vision vom komplett schadstofffreien Wasserstoffauto oder die Vision vom Solarmobil.

Die Firma Microsoft hat heute die Vision, Individuen und Unternehmen bei der Entfaltung ihres vollen Potenzials zu helfen.
Zurück zu unserem »Unternehmensleitbild 2025 für die Fa. Y«. Wie baut man ein solches Leitbild auf?

Stellen Sie sich einen Tannenbaum mit verschiedenen Tannengrün-Stufen vor:

- In der obersten Stufe steht die Vision.
- In der zweiten Stufe stehen die Werte.
- In der dritten Stufe steht das Mission Statement = Der Auftrag.
- In der vierten Stufe stehen Leitsätze für Führungskräfte und Mitarbeiter.
- In der fünften Stufe steht das Zielsystem.
- In der sechsten Stufe stehen die Kernkompetenzen (das ist die Basis bzw. der Stamm des Tannenbaumes).
- Und zum Schluss folgt das Handlungskonzept (das ist das feine Wurzelwerk des Baumes, der stets weiterwächst und sich nach allen Seiten ausbreitet).

Außerdem entwickeln wir das Vision Statement eines Unternehmens immer auf Basis der drei Leitfragen:

1. Wer sind wir?
2. Was wollen wir?
3. Wie wollen wir morgen anders und besser sein als heute?

Später kommen dann noch weitere Leitfragen hinzu, wie z.B.:

4. Wer sind unsere Kunden? und
5. Was sind unsere Kernkompetenzen?

Aber auch die Wertedefinition, die auf die Definition der Vision folgt, ist quasi »kriegsentscheidend«. Denn die

Werte dienen als Basis zur Verhaltensorientierung der Mitarbeiter.
So darf z.B. in unserer Firma niemand arbeiten, der nicht durchgängig die Werte

- Zielorientierung
- Kundenorientierung und
- Arbeitsliebe

lebt.

Meine Botschaft lautet:

- Visionen sind die Holzscheite im Feuer des Fortschritts.
- Nutzen wir also die Visionen zum Durchbruch der mentalen Grenzen der Istzeit.

W: Wunschtraum und Wirklichkeit

»Der Wunsch ist Vater des Gedankens« sagt ein altes deutsches Sprichwort. Zunächst einmal werden wir alle irgendwelche mehr oder weniger großen und unerfüllten Wünsche haben. Denken Sie bitte einmal darüber nach. Was hätten Sie gerne?

Vielleicht ist es ein Haus in der Toskana. Ein BMW 750i, Ein eigenes Pferd. Ein Motorrad. Eine eigene Farm. Ein Privatflugzeug. Ein Helikopter.

Und über diese materiellen Wünsche hinaus gibt noch Familien- / Beziehungswünsche, immaterielle Wünsche.

Wie könnte ein Familien-/Beziehungswunsch aussehen?

- Den idealen Lebenspartner / Lebenspartnerin finden
- von der unglücklichen Beziehung zu einer glücklichen Beziehung gelangen
- mit dem Partner nicht mehr streiten
- in einer Wohnung / in einem Haus zusammenziehen
- sich vom aktuellen Partner/Partnerin trennen
- eine Familie gründen und erweitern

Was gibt es für immaterielle Wünsche?

- einmal New York besuchen
- einmal den Ayers Rock in Australien oder den Kilimandscharo in Afrika besteigen
- einen Oldtimer restaurieren
- ein Fahrzeug / Fortbewegungsmittel selber bauen
- eine Renovierung von Wohnung / Haus / Dach oder auch nur der Garage vornehmen
- eine Innovation / Lizenz / Patent erschaffen
- den Motorradführerschein / Flugschein / Motorbootschein / Tauchschein erwerben
- einmal eine Ballonfahrt machen / Segelfliegen
- einmal ein eigenes Buch schreiben

Selbst wenn Sie nur einmal gemeinsam mit Ihren Kindern in den Zoo oder in die Geisterbahn oder in die Achterbahn einsteigen möchten, handelt es sich um einen immateriellen Wunsch. Als ich neulich meinem Freund erzählte, dass ich jeweils einzeln mit jedem meiner Kinder zum Zelten an den Biggestausee bzw. nach Holland an die Nordsee gefahren bin, fragte er mich »Warum?«. So nach dem Motto, kannst du dir etwa kein Hotel leisten?
Doch, aber der Campingurlaub mit meinem Sohn 1 und Sohn 2 war mir in 2016 ein wichtiges persönliches Ziel. Und diese Tage im Zelt haben uns definitiv wieder um eine wertvolle, schöne und positive Erfahrung bereichert. Und die gemeinsame Zeit beim Camping hat uns wieder näher zusammengebracht.

Wenn es nun die ganz großen Wünsche sind, an deren Realisierung wir selber noch nicht richtig glauben, dann ist da wieder so eine Denkbarriere, die uns an der konkreten Zielverfolgung hindert.

Was ist ein W U N S C H T R A U M?

Natürlich ist Ihr individueller Wunsch nach einem Flugschein, nach einem eigenen Flugzeug, dem perfekten Lebenspartner oder das Schreiben eines eigenen Buches eine große Sache. Aber aus dem Wunsch folgt ein Gedanke, aus dem Gedanken ein Ziel, aus dem Ziel ein Bild, aus dem Bild ein Plan, der mit der nötigen Disziplin umgesetzt werden kann. (PROBIZIPLANDU-Methode).
Das funktioniert nicht immer. Ich selbst hatte mit ca. 35 Jahren mehrfach den folgenden Wunschtraum:

Ich wollte ein wunderschönes weißes Renaissance-Schloss mit baulichen meisterhaften Verzierungen wie zwei Löwen am Eingang der geschwungenen weißen Marmortreppe. Das Schloss befand sich in ein einem grünen Park mit altem Baumbestand. Eine Pappelallee säumte die Zufahrtstraße dorthin. Die Zufahrtstraße war ca.100 Meter lang, 4 Meter breit und bestand aus kleinen, hellen Kieselsteinen, die angenehm wie Schnee knirschen, wenn man mit seiner eleganten Limousine im Schritttempo zu diesem Gebäude vorfährt. Die Vorfahrt war halbmond- bzw. hufeisenförmig, breit, edel und großzügig, wie im Schloss Bellevue des Bundespräsidenten in Berlin. Wenn man ausstieg, konnte man über eine weiße geschwungene Marmortreppe hinaufschreiten wie ein König, um zum Eingang des Schlosses zu gelangen. Dort oben warteten zwei Diener mit goldbestickten Uniformen auf mich, die die großen Flügeltüren aufhielten. Sehen Sie das Schloss jetzt auch vor Ihrem geistigen Auge?
Sobald ich aus dem Wunschtraum erwachte – ich hatte ihn mehrmals – kamen sofort die rationalen Gedanken zurück. »Das schaffst du sowieso nicht. Das ist niemals finanzierbar. Ein unerreichbares Märchen. Wer kann sich so etwas schon leisten ...« Das ist sie, die Denkbarriere, die uns immer stoppt. Die unüberwindbare Mauer, die uns zunächst an der Realisierung oder konkreten Zielverfolgung hindert.

Nun, ich will es noch einmal betonen. Der Wunschtraum des Schlosses ist NIE Wirklichkeit geworden. Warum nicht?

Wie wird denn aus einem Wunschtraum die WIRKLICHKEIT?

Der amerikanische Management-Trainer und US-Präsidentenberater Tony Robbins hat einmal das englische Sprichwort verfasst, welches da lautet: GOALS ARE DREAMS, WRITTEN DOWN, WITH A DEADLINE!
Ich kann nicht mit Sicherheit sagen, warum ich das Schloss nie bekommen habe. Es kann sein, dass der Wunsch nicht stark genug war oder dass andere Wünsche mir wichtiger waren. Vielleicht wurde dieser Traum nie Wirklichkeit, weil er zu groß und zu unrealistisch war. ABER: Aus der Weisheit von Tony Robbins weiß ich, welche Fehler ich gemacht habe. Ich habe diesen Traum weder als messbares Ziel aufgeschrieben noch habe ich jemals einen kalendarischen Endtermin dazu gesetzt.

Bei vielen anderen Wünschen, die von mir als smarte Ziele aufgeschrieben und mit einem kalendarischen Endtermin versehen waren, hat es funktioniert.

1977 wurde meinen Brüdern und mir ein Grundstück in Kanada auf einer Insel versprochen, für denjenigen, der von uns zuerst heiraten würde. Auch damals hatte ich mir kein Ziel formuliert und aufgeschrieben. Ich hatte schon 1977 die Idee, IRGENDWANN auf der Insel mal eine Hütte zu bauen, denn das Grundstück lag ja nur 200 Meter vom Meer und hatte einen schönen Blick auf die Meeresbucht »Rollo Bay«. 1977 bis 1986 passierte nichts. Beide Brüder heirateten bis 1987 nicht, obwohl sie bereits Familien hatten und viel älter waren als ich. Aber ich heiratete 1987 zum ersten Mal – das ergab sich in meinem Lebenslauf so, nicht wegen des Hochzeitsgeschenks – also bekam ich das Grundstück auf der Insel geschenkt.

1986 besuchte ich Kanada mit meiner zukünftigen Frau. Wir entdeckten die malerische Schönheit des atlantisch-maritimen Kanadas in Nova Scotia, New Brunswick und auf Prince Edward Island (P.E.I.). Traumhaft schöne Meereslandschaft mit malerischen Buchten. Wildromantische Natur in 1000 prachtvollen Farben des Indian Summers, blaues Meer mit Reichtum an Hummern und Fischen. Endlos lange, leere Sandstrände. Wale schwimmen dort und blasen ihre Fontäne in die Luft. Delfine springen im Duett aus den Wellen, um dann wieder unterzutauchen. Die Seehunde spielten im Sonnenuntergang auf den Sandbänken. Kleine bunte Holzhäuser in allen Farben für kleines Geld. Erde: rot. Sandstrand: weiß. Himmel: blau.

Wieder nahm ich mir vor, irgendwann auf dem kanadischen Grundstück eine Hütte zu bauen. Nach meiner ersten Scheidung im Januar 1996 hatte ich mir in einem Zielfindungsseminar diesen Wunsch als smartes Ziel aufgeschrieben und mit dem Endtermin, spätestens 31.12.1996 fixiert. Am 20.10.1996 stand die Hütte.

In dem Zielfindungsseminar vom Januar 1996 – ich war damals 35 Jahre alt – setzte ich mir unter anderen schriftlich und mit einem fünf-Jahres-Zeitraum sowie einem kalendarisch definierten Endtermin die folgenden Ziele:

1. Außer der Hütte, auch ein Haus in Kanada am Meer zu erwerben
2. Mein Traumauto zu kaufen: Einen BMW 5er, in metallic grün, mit Navi und Klimaanlage als Neufahrzeug
3. Zwei Taucheranzüge, um damit im April mit meinem Sohn zwischen den Eisschollen zu schwimmen
4. Ein Motorboot, um damit in die schönen Buchten rund um die Insel fahren zu können
5. Einen Kaminofen, der mich im kanadischen Winter wärmen sollte.

Glauben Sie es – oder glauben Sie es nicht.

- Alle diese 5 niedergeschriebenen Ziele mit Endtermin hatte ich schon drei Jahre später erreicht.

X: X-Ray your life, SMS und SOS

Lothar Seiwert, der berühmte Zeitmanagement-Papst und mein Diplom-Vater, hat eines Tages zu mir gesagt und darüber hinaus in 100 Büchern niedergeschrieben:
»Reserviere dir – am besten täglich – eine *stille Stunde*. Das ist ein Zeitfenster der Ungestörtheit ... Du kannst es nutzen, um in Ruhe gewisse strategische Arbeitsaufgaben abzuarbeiten, zu denen du in der Hektik des Arbeitsalltags nicht kommst. Oder gönne dir eine Auszeit der Ruhe ohne Arbeit, ohne Besprechungen, ohne Gespräche, ohne Telefonate, ohne E-Mails, ohne Whatsapps, ohne Laptop, ohne Smartphone, und ruh dich aus!
Oder schenke dir – in dieser stillen Stunde – Zeit zum Nachdenken. Einen Raum für Kreativität – einen Moment der Reflektion, um über dich und dein Leben nachzudenken. Wo stehst du? Was tust du? Wohin willst du? Wie schließt du die Lücke?
Überlege dir, dass es nicht effektiv ist, die Dinge richtig, also 150%ig zu tun, – sondern die *richtigen Dinge zu tun.*

Was aber sind die richtigen Dinge, die dich deinen Zielen näher bringen?«

Das nenne ich »x-ray your life« – also »durchleuchte dein Leben im Hinblick auf die wichtigen Dinge«!

Zugegeben, Sie werden es wahrscheinlich nicht schaffen, sich JEDEN TAG eine Stunde freizuschaufeln für Muße, Strategie und Kreativität. Dieser Anspruch ist vielleicht auch zu hoch. Aber vielleicht schaffen Sie es einmal pro Woche, einmal pro Monat, einmal pro Quartal oder zumindest einmal pro Jahr. Ich persönlich führe den *x-ray im Hinblick auf meine großen Ziele oder Projekte zumindest einmal pro Jahr durch.* Das ist dann meistens zwischen Weihnachten und Neujahr oder spätestens in den ersten fünf Neujahrstagen. Viele von uns haben dann eh Urlaub und können sich in diesen etwas ruhigeren Tagen – falls es keine Jahresabschlußarbeiten gibt – dann endlich das Zeitfenster für die »x-ray your life-Aufgabe« nehmen. Hier findet eine Art SOLL- / IST-VERGLEICH für die wichtigen Ziele unseres Lebens statt.
Ich nehme mir bewusst Zeit, um meine Ziele, Projekte und Visionen des laufenden Jahres Revue passieren zu lassen und zu prüfen, welche Punkte ich von meiner Projektliste zu wieviel Prozent erreicht habe. Das ist die Beleuchtung der Vergangenheit und eine Status-Quo-Analyse des erreichten Jahreserfolgs.

Ist es für Sie nicht auch bahnbrechend wichtig, wenigstens einmal im Jahr festzustellen, was wir in diesem Jahr GROSSES in unserem Leben erreicht haben?

Diese wichtige Arbeit derSelbstanalyse sollte natürlich an einem ruhigen Ort, zu einer ruhigen Zeit und komplett still und störungsfrei stattfinden. Gleichzeitig oder etwas zeitversetzt müssen wir uns in dieser »stillen Stunde« Zeit nehmen, um neue Strategien, Werte, Visionen und Ziele für die Zukunft zu setzen.
Der Kuchen des Lebens wird dazu von mir in sechs Stücke = Lebensbereiche aufgeteilt:

1. Geistige Ziele
2. Geschäftliche Arbeits-/Projekt-/Leistungsziele
3. Ziele für Familie/Freunde/Kontakte
4. Körperliche Ziele
5. Finanzziele
6. Spaßziele

Für jeden Lebensbereich schreibe ich mir jedes Mal zum Jahreswechsel maximal fünf Ziele auf. Diese sind SMART formuliert und alle mit einem kalendarischen Endtermin definiert. Grundsätzlich kann aber jedes dieser Ziele kurz-, mittel-, oder langfristig sein. Wichtig ist nur, dass diese Ziele auch messbar sind. Nachfolgend erhalten Sie immer zwei Beispiele für messbare Ziele aus den Zielbereichen 1-6:

Zu 1: Das Buch xy kaufen, lesen und fünf Weisheiten daraus aufschreiben bis zum 31.03.20xx
Zu 2: Fünf neue Kunden im Postleitzahlgebiet 7 / die Preise von Produkt Z um 10 % erhöhen bis zum 30.05.20xx
Zu 3: 1 x pro Monat 1 (Ehe-) Partnertag fest einplanen / Die Freunde C, D, E in G-Stadt bis 31.01.20xx besuchen
Zu 4: 5 kg abnehmen bis zum 30.06.20xx / Halbmarathon laufen bis zum 30.05.20yy
Zu 5: 1.200,- CHF / € sparen bis 30.06.20xx, 3.600,- CHF / € Schulden der Hypothek tilgen bis 31.12.20xx
Zu 6: Zweimal für 14 Tage nach Montenegro ans Meer fahren / dort täglich 2000 Meter schwimmen oder Wasserski fahren bis 31.10.20xx

Falls Sie mit einem Zielsystem arbeiten und sich selbst dann immer wieder an den Zwischenstopps auf dem Weg zu Ihren Zielen (quasi wie ein Marathonläufer bei jeder Kilometermarke) kontrollieren UND das Erreichte / nicht-erreichte Ergebnis dokumentieren, dann werden Sie selbst-erfüllt, erfolgreich und erquickt leben.
Ich persönlich habe es jahrelang ausprobiert. Ich erreiche NIE alle 30 Ziele, aber ca. 20 oder 22 von ihnen, das sind 70%. Aber damit habe ich zehnmal mehr geschafft als 80% der anderen Menschen, die nur fremdbestimmt leben und nur das tun, was andere von ihnen verlangen.

Natürlich hat dieses **SMS = Self Management System** auch seine Risiken. Diese können sein:

a. Nichterreichung mancher Ziele (weil zu hoch gesteckte Ziele) und dadurch Frustration

b. Innere Leere, wenn ein großes Ziel erreicht ist

c. Grenzgängerische Aktivitäten bis zur Erschöpfung, um das Ziel zu erreichen

Persönlich hatte ich selten ein Problem mit den ersten beiden Situationen. Aber mit dem dritten Punkt. Ich bin physisch, psychisch und mental oft weit über die Grenze hinausgegangen und habe mich dadurch in lebensgefährliche Situationen gebracht. Daher gebe ich Ihnen hier folgende Tipps:

- Geh ran an die mentale Grenze, aber nie mit Gewalt über die Grenze einer lebensbedrohlichen Situation hinaus
- Versuche nie, zwingend sofort, hier und jetzt, in einer lebensgefährlichen Situation das Ergebnis zu erzwingen
- Überschätze deine Fähigkeiten nicht
- Treibe keinen Raubbau an deiner Gesundheit
- Nimm deine persönliche Angstgrenze Ernst, insbesondere dann, wenn es um Lebensgefahr geht

Warum erzähle ich Ihnen das? Spreche ich zu Ihnen erst als »kämpferischer Haudegen« und dann als »Wattebausch-Weichei«?

Ich denke nicht. Ich glaube, Sie werden meine wohlgemeinten Hinweise verstehen, wenn ich Ihnen das folgende

Erlebnis aus dem Jahr 2016 erzähle. Es war im Oktober 2016, als ich mich mit meiner Familie zum Urlaub in Montenegro am Meer befand. Die Stadt hieß Herceg-Novi. Ein Badeort an der montenegrinischen Küste, der sich eigentlich recht geschützt in einer Bucht mit einer vorgelagerten größeren Halbinsel befindet. Die Strände sind prinzipiell durch die vorgelagerte Inseln geschützt. Nur an wenigen Stellen kann man das offene Meer sehen. Auf dem Wasser befanden sich einzelne Fischerboote, die gut gesichert vor Anker lagen.

In einer Kieselsteinbucht, direkt am Yachthafen und am alten Stadtmauerfestungsturm, war meine Schwimmstelle, die ich gut kannte und schon oft zuvor – selbst im März bei eiskaltem Wasser – zum Schwimmtraining besucht hatte. Es gab, der Küste vorgelagert, einige einzelne schroffe und granitharte Felsblöcke, die vereinzelt ca. zwei Meter hoch aus dem Wasser ragten.

Ein Doppel-Felsblock ca. 20 Meter weg von der Küste, ein Doppelfelsblock ca. 50 Meter weg von der Küste und danach 500 Meter draußen auf dem Meer eine ca. 6 qm große Insel, die auch aus diesem roten, schroffen messerscharfem Gestein bestand. Die Doppelfelsblöcke zeichneten sich dadurch aus, dass sie so geformt waren, als wenn zwei Menschen sich in einem 30 Grad spitzen Winkel – Rücken an Rücken – aneinander anlehnten.

Mein Ziel war es, ca. 20 Minuten zu der Insel und dann wieder zurück zu schwimmen. Das war sozusagen mein tägliches 40-Minuten-Pensum, so wie ich es schon oft zuvor in den vergangenen Tagen dort absolviert hatte. Als ich mich ganz oben mit dem Auto auf der Küstenstraße der großen Bucht von Herceg-Novi näherte, da bemerkte ich, dass das Wasser nicht überall tiefblau oder grün wie sonst war, sondern mir stellenweise irgendwie gelblich-weiß, wie von Sand oder Steinen aufgewühlt erschien. Ich dachte mir jedoch gar nichts dabei und fuhr zu meinem Strand mit der Kieselsteinbucht. Dort angekommen, beobachtete ich zwei bis drei Meter hohe Wellen und starken Wind, dessen Richtung aber nicht auszumachen war. Der Wind wechselte ständig und so konnte ich gar nicht feststellen, ob es sich um auflandigen oder ablandigen Wind handelte.
Ich wollte unbedingt JETZT schwimmen, wollte nicht warten, musste für mich mein Trainingsprogramm durchziehen. Denn, was ich mir vorgenommen hatte, hatte ich schon immer umgesetzt. Und die paar zwei-Meter-Wellen, dachte ich, könnten mir nichts anhaben. Schließlich bin ich

Marineoffizier und Triathlet und war schon in Frankreich an der Atlantikküste und auf den Kanaren in (gefühlt) fünf Meter hohen Wellen geschwommen.
Natürlich war ich der einzige Verrückte, der schwamm. Die anderen Leute gingen mit Pullovern, Mützen und Regenmänteln auf der Strandpromenade spazieren. Ich aber zog mich aus und sprang in die Fluten. Ich musste mich einigermaßen anstrengen, um in die Richtung der Insel zu gelangen. Und nach ca. 350 Metern war ich mir nicht mehr sicher, ob das Wasser mich herein- oder aufs Meer hinaustrieb. Ich dachte ernsthaft erstmals in meinem Leben: »Das schaffst du nicht bis zur Insel. Ich schwimme lieber langsam zurück.« Da geschah es … Der Wind drehte sich und wurde zu einem orkanartigen, **ab**-landigen Wind … Irgendein Strudel packte mich und zog mich hinaus. Ich schwamm, kämpfte, kraulte mit aller Kraft, aber ich sah, dass ich dem Land gar nicht näherkam. Dann erfasste mich die Panik. Ich gab noch mehr Gas, und kämpfte und kraulte und schaffte …
… es nicht. Ich war schon wieder weiter weg vom Land. Wahrscheinlich schon 500 Meter und in der falschen Richtung – Tendenz steigend. Dann besann ich mich auf eine Überlebensweisheit von Schiffbrüchigen: … Nur keine Panik, nur ruhig bleiben, nur nicht durchdrehen, sonst bist du gleich weg. Angekommen in dieser Lebensgefahr-Ruhe, fing ich an zu beten.
Ich betete und betete und betete zu meinem Gott, dass er mich an einen Felsen spüle. Damit ich mich nur irgendwo festhalten konnte, um nicht zu ertrinken. Und da war er. MEIN GOTT.

1000 mal danke, OH DU MEIN GÜTIGER GOTT. Mit einem Weg von vier, fünf, sechs Riesenwellen wurde ich irgendwann – die Zeit unter Wasser kam mir ewig vor und ich dachte, das ist gewiss das Ende – *an einen Felsen geschleudert*. So stark, dass ich dort aufschlug und sofort überall blutete. **Doch das war der Felsen, der 50 Meter vor der Küste lag.** In einem Verzweiflungsakt krallte ich mich an dem Felsen fest wie ein Irrer, der sich am Empire State Building festhält, um nicht runterzufallen. Reißende Wellen schlugen von links und rechts auf mich ein und peitschten mir das Salzwasser eimerweise ins Gesicht. Diese Wellen drohten, mich wieder hinaus auf das Meer zu ziehen, von wo aus ich keine Chance mehr gehabt hätte, zu überleben. **Denn ich war am Ende meiner Kraft.** Bei meiner todesmutigen Umklammerung des messerscharfen Felsens riss es mir die Eheringe, meine Sportbrille und meinen Schmuck von den Händen ab.

Wie durch ein Wunder glitt ich zwischen den aneinander angelehnten Felsriesen unter Wasser hindurch in die Bucht. Von dort aus bot ich erneut alle meine Kräfte auf, um schwimmend bis zu dem 20-Meter-Felsen zu gelangen. Dort passierte das Gleiche. Wieder wurde ich an den Felsen geschleudert, dass ich noch mehr blutete. Wieder krallte ich mich fest wie ein Wahnsinniger, um nicht mehr raus aufs Meer gezogen zu werden. Wieder rutschte ich durch ein Wunder zwischen den Felsen hindurch und glitt quasi ständig untergetaucht weiter auf die Küste zu, um oben – an der Oberfläche – die Wellen zu vermeiden. Mit sechs bis sieben urgewaltigen Schwimmzügen, also mit allerletzter Kraft, schaffte ich es in einem Verzweiflungsakt bis zum Kieselstrand. Dort sah ich meinen geschundenen Körper an und war geschockt und zugleich dankbar ohne Ende. Mit Gottes Hilfe hatte ich überlebt.

Nichts gegen die Überwindung einer mentalen Grenze, aber das hier war lebensgefährlich.

Also tun Sie mir den Gefallen und fordern Sie das Schicksal nicht heraus.

Ich jedenfalls werde es NIE mehr tun.

Y: Yoga & Meditation – Mentale Grenzen überwinden, heißt das auch Streben nach Transzendenz?

Von 0 bis 28 fand ich Yoga einfach nur lächerlich. Aber ich wusste auch nichts darüber. Ich dachte, Yoga würden nur irgendwelche buddhistischen Mönche und orangegelb gewandete Hare-Krishna-Zwerge ausüben. Was soll das überhaupt?

Sich im Schneidersitz auf den Boden setzen, »OOOOOHMMMMM« zu singen, den Körper in unmögliche Tier-Formen verbiegen. Die Schlange, die dynamische Katze, die Kobra, den Frosch usw. machen. Wozu? Und dann dieser merkwürdige indische Kult von Ashtanga, Iyengar, Sivananda bis zu den heutigen Stil-Richtungen von Anusara, Jivamukdi oder einfach Power-Yoga. Auch Acro Yoga, Asanas und Ayuveda, Kundalini, Mantras, Mudras und Bandhas* sind gern verwendete Fachbegriffe, die sich gut anhören, von denen aber zunächst kein Mensch weiß, was sie bedeuten. Was soll der Unsinn?

Sollen die Inder doch gleich sagen, worum es geht. Okay, ich bin kein Inder, also sage ich Ihnen sofort, zumindest was Mudras und Bandhas sind. Mudras sind laut »wiki. yoga-vidja.de« energie-lenkende Hand-und Körperhaltungen und Bandhas sind laut der gleichen Quelle »Energieverschlüsse bzw. Körperhaltungen, mit deren Hilfe die Lebensenergie in bestimmten Körperregionen / Energiezentren gespeichert wird«. Weiter heißt es dort, »mit Hilfe von Mudras und Bandhas kannst du von allen möglichen, als unheilbar geltenden Krankheiten geheilt werden, z.B. Asthma, Milz- und Lebervergrößerung …«

Also als 0-28-Jähriger hatte ich keinen blassen Schimmmer, was Yoga ist oder was es mit dir oder für dich machen kann. Laut Wikipedia ist Yoga (ein Begriff, abstammend aus dem Sanskrit von Yoga, Yuga, Joch, Yui = anjochen, zusammenbinden, anspannen, anschirren) »eine indisch-philosophische Lehre, die eine Reihe geistiger und körperlicher Übungen … umfasst«.

Der Begriff Yoga kann laut Wikipedia sowohl Vereinigung als auch Integration bedeuten und soll den Körper und die Seele zur Sammlung und Konzentration von Kraft zusammenbinden. Ziel ist es quasi, DASS KÖRPER, SEELE UND GEIST MIT DEM BEWUSSTSEIN »EINS WERDEN«.

Ich bin kein Prediger und ich gehöre keiner Sekte an. Im Gegenteil. Ich verabscheue Sekten und ihre Anhänger sogar. Daher sage ich zum Yoga gleich dazu: Es ist eine körperlich-geistige Übungspraxis, die einigen Menschen zu großer Kraft, Ruhe und Gelassenheit, ja sogar deutlich verbesserter Gesundheit verhelfen kann. Für andere Menschen wiederum funktioniert es überhaupt nicht. Nicht jeder Mensch kann und muss ein »Jogi« werden.

Aber kann es wirklich helfen?

Mit 28 Jahren war ich Exportleiter in einer mittelständischen Firma und für den Absatz und Umsatz in ganz Europa verantwortlich. Wir verkauften auch wie die Weltmeister und haben so jahrelang zweistellige Zuwachsraten geschrieben. Aber irgendwann kamen wir mit der Produktion nicht mehr hinterher.

Die Standardlieferzeiten für große Auslandskommissionen nach England, Frankreich, Belgien, Spanien verlängerten sich von zwei auf vier Wochen. Und später von vier auf sechs und dann von sechs auf acht oder sogar zwölf Wochen. Die Kunden waren sauer. Sie fluchten und tobten und reklamierten bei meinen Mitarbeitern und beschwerten sich monatelang auch bei mir. Sie stornierten ihre Bestellungen reihenweise und drohten uns die Kündigung der Zusammenarbeit an. Unser ganzes schönes »Imperium« drohte zusammenzubrechen. Als Ländergruppenleiter fühlte ich mich extrem verantwortlich, (obwohl ich gar keine Schuld hatte), denn überall brachen die Zahlen ein.

Die mentale Grenze schrie mich an: »Auftragsverluste, Stornierungen, Reklamationen und Kundenverlust am laufenden Band. STRESSSS! Die mentale Grenze schrie mich an: »Jetzt geht nix mehr. Du schaffst es nicht mehr. Du bist ein Versager.«
Gottseidank hatte ich dann Weihnachtsurlaub und in diesem Urlaub lernte ich Yoga kennen. Ich ging zu einem

Yogakurs. Auch bekam ich ein dickes Yoga-Selbstlern-Buch (Autorin Gertrud Hirschi) geschenkt. Mit diesem violetten Buch und vielen Abbildungen übte ich jeden Morgen 10 bis 30 Minuten. Ziel war es einfach nur, den akuten Stress abzubauen und wieder zu einer Art von Ruhe, Lockerheit und positiver Einstellung zurückzufinden, die ich vorher besessen hatte. Später sollte mir mein Kopf irgendwann einmal sagen: »Du bist ruhig und souverän. Du bist ein guter Exportleiter.«

Die ersten zwei bis vier Wochen passierte fast gar nichts. Aber als ich quasi gelernt hatte, abzuschalten, mich auf meinen Körper zu konzentrieren und gleichzeitig noch bei jeder Übung eine richtige Tiefenatmung durchzuführen, da wurde es besser. Die Arbeitsbelastung und stressige Kundensituation blieb, aber der Stress ging. Ich war zwar nicht richtig locker, aber entspannt genug, um einigermaßen mit der extremen Arbeitssituation umzugehen. Das war das erste Mal, dass Yoga mir richtig geholfen hat.
Ein, zwei Jahre später, als sich die berufliche Situation beruhigt hatte, lebte ich ganz normal, das heißt, ohne Yoga weiter. In der Phase meiner ersten Scheidung 1995/96 hatte ich durch die Ehekrise, dann den Tod meines Chefs und dann den Arbeitsplatzverlust schon als Managementtrainer wieder so viel Stress, dass ich dachte, es geht nichts mehr. In dieser Phase buchte ich erneut einen Yogakurs und lernte eine Yogalehrerin kennen, die nicht nur sechsmal pro Woche Yoga praktizierte, sondern auch jedes Jahr drei Monate in einem Ashram in Indien verbrachte.

Sie hat mir dann noch einmal richtiges Kundalini-Yoga beigebracht. Ferner hat sie mich durch ihre Kundalini-Tanzmeditation »Tanz der Derwische«, die ich vorher für völlig abstrus und schwachsinnig hielt, in einer einzigen Stunde dermaßen entspannt, dass ich mich noch heute ganz genau an diesen extremen Bewegungsablauf und den darauffolgenden totalen Entspannungszustand konkret erinnere.
Yoga ist zunächst körperliche Anspannung und Entspannung. Wir trainieren dabei die totale Konzentration auf gewisse Körperzonen oder Körperorgane. Durch diese totale Fokussierung auf den Körper erlangt man für gewisse Momente einen Zustand, der einen – vorübergehend – alles andere vergessen lässt.

Eigentlich ist es also zu Beginn durch die totale Konzentration auf die bestimmte, völlig ungewohnte Körperhaltung nur eine *Ablenkung* vom Stress. Später ist es eine *Lenkung des Bewusstseins* und noch später wird es eine *gezielte Steuerung* hin zu einer bewussteren und gesünderen Lebensführung.
In meiner zweitgrößten Lebenskrise erreichte ich diesen gewünschten, totalen Entspannungszustand nicht, wenn ich morgens mal zum aufwärmen fünf Minuten lang die »fünf Tibeter« machte. Aber meine Yogalehrerin brachte mir – in dieser schwierigen Lebensphase von Scheidung und Jobverlust – bestimmte ganzkörperliche Übungen (Asanas) und besonders einige Umkehr-Übungen wie z.B. den Hund, den Pflug, den Fisch, den Schulterstand und den Kopfstand bei. Anfangs hielt ich das wiederum – wie sieben Jahre zuvor – für Blödsinn und Hokuspokus.

Aber ich schaffte es durch eine ausdauernde Übungspraxis über die Phase der reinen Stressfreiheit hinaus in die Phase, in der man das Bewusstsein lenkt. Heraus aus der »mentalen Sackgasse« von »ich bin ein Verlierer, ein Pechvogel und am Ende« hin zu einem neuen Bewusstsein mit dem Credo »ich bin ein wertvoller Mensch und viele andere Menschen schätzen mich wegen meiner guten Taten. Und alles was ich tue, bringt mich meinen Zielen näher«. So hat mir Yoga ein zweites Mal gravierend im Leben geholfen.

Leider praktizierte ich es persönlich immer nur dann, wenn es mir richtig schlecht ging. Ich kam raus aus der Krise, »vergaß« Yoga und lebte glücklich und zufrieden bis … 2011. Wieder einmal hatte ich mir eine Megaportion Stress aufgebaut. In diesem Jahr hatte ich gerackert wie ein Pferd und viele lange Autobahnfahrten mit teilweise 600 Kilometern Anfahrt und 600 Kilometern Abfahrt zu etlichen Kundenseminaren in Deutschland, Österreich und der Schweiz absolviert. Ich hatte erhebliche, selbst-auferlegte Zahlungsverpflichtungen nach vielen Seiten, hatte darüber hinaus eine massive Hypothek auf meinem Haus und ferner zahlreiche Versicherungen abgeschlossen, sodass ich Monat für Monat einen riesigen Fixkostenblock vor mir herschob. Nun ergab es sich, dass drei Kundenaufträge in diesem Jahr »ausliefen« und ich keinerlei neue Kunden gewinnen konnte. Das bedeutete für mich als Selbstständigen KEINERLEI EINNAHMEN IM FOLGEJAHR, ABER DEN VOLLEN FIXKOSTEN-BLOCK AM BEIN. Und, was stellt sich dann in unserem Geiste ein? …

Richtig, die mentale Grenze: »Rien ne va plus! Nichts geht mehr. Jetzt bist du ruiniert. Du musst überall zahlen, aber hast keine Einkünfte mehr.«

Dann hatte ich im November noch einen negativen Anwaltstermin – danach klappte ich zusammen. Ich schaffte es noch bis nach Hause. Dort angekommen – im Flur – schlug ich der Länge nach auf dem Boden auf. Meine Frau war total alarmiert und rief sofort den Notarzt und die Rettungssanitäter an. Diese konnten mich zwar innerhalb kürzester Zeit wieder fit machen, aber keine wirkliche Ursache feststellen. Mein Herz war völlig in Ordnung und es gab auch keinerlei Erkrankungen der Blutgefäße. Einfach ein Kollaps. Zu viel Stress im Kopf gemacht und den ganzen Tag nichts getrunken => patsch, da legt's dich nieder. Das war im November 2011. So fand ich zurück zum Yoga. In 2012 habe ich mich viel ausgeruht, mir keinen Stress gemacht und völlig andere Arbeiten gemacht als davor. Ich übte auch – in vernünftigem Maße – Laufsport und Yoga aus. Diesmal erkletterte ich beim Yoga über beständiges Üben sogar die dritte Stufe: Die gezielte Selbst-Steuerung hin zu einer gesünderen Lebensführung.
Ich überwand jetzt zum dritten Mal die mentale Grenze, dass »nichts mehr geht«. Denn vom Jahr 2013 bis heute entwickelte ich mein Geschäft und mich erfreulich gesund, nachhaltig und stabil. Ich laufe immer noch und mache immer noch Yoga. Beide Faktoren sind für mich zu einer Art Lebensphilosophie geworden.

Mache ich Yoga, um Transzendenz zu erlangen? Was ist Transzendenz? Laut duden.de ist Transzendenz bildungssprachlich »etwas jenseits der Erfahrung / des gegenständlichen Liegendes« und philosophisch bedeutet Transzendenz => »das Überschreiten der Grenzen von Erfahrung und Bewusstsein des Diesseits. Ich bin kein 80-jähriger Guru mit braungebranntem, gestähltem Körper, weißen Locken und weißem Bart, der den ganzen Tag nur Joga macht, meditiert und auf dem Nagelbrett liegt. All dies soll bei ihm dem Zwecke dienen, dass Körper, Seele und Geist sich schlussendlich vereinigen mit der Unendlichkeit des Universums. Wenn er durch unendlich ausdauerndes Training diesen Zustand der Transzendenz erreicht, würde der Guru eines Tages ein Leben hinter der mentalen Grenze des Bewusstseins führen. Er wäre dann nicht mehr lebendig und auch nicht tot, sondern einfach nur in einem dritten, anderen Zustand – jenseits unserer Vorstellungskraft.

Das ist aber NICHT MEIN ZIEL. Ich verstehe Yoga eher als konkrete und praktische Lebenshilfe, um die mentalen Grenzen und Barrieren des Alltags und / oder auch die Grenzen in extrem schwierigen, körperlichen oder geistigen Lebenssituationen zu überwinden. Und das hat für mich – bei langandauernder Yogapraxis – immer wieder funktioniert.

Z: Ziel erreicht – Freude, Feiern und … zurück auf »Los«

Es ist Weihnachten 2016. Wir feiern die Geburt Jesu Christi. Wir feiern das Fest der Liebe, der Christlichkeit, der Nächstenliebe. Das Fest der Familie. »Freue dich, ja freu Dich, o Christenheit«, klingt es feierlich schön aus allen Kirchen.

Falls wir in der Zeit vom 24. Dezember bis vielleicht sogar bis zum 02. Januar nicht arbeiten müssen, was tun wir dann? Natürlich Weihnachten feiern und uns freuen und vielleicht auch mal die Achterbahn unsere Lebens ANHALTEN. Und INNEHALTEN. STILLE ERLEBEN.

Die Weihnachtszeit ist eine Zeit des Friedens, der Ruhe, der Besinnlichkeit. Zeit zum Nachdenken.

Wenn die drei größten Feiertage des Jahres vorbei sind, dann ist bei mir der Moment gekommen. Zeit für Muße – Zeit für Entspannung. Zeit zum Rückblick:
Lebensziele, Langfristziele und Jahresziele erreicht?

Denken wir zurück an die vielen, vielen Visionen, Grenzen, Grenzüberwindungen und Zielerreichungen in diesem Buch:

- Einen PC auf jedem Schreibtisch in jedem Haushalt.
- Den Nanga Parbat besteigen.
- Die tödliche Krankheit »Krebs« besiegen.

- In 70 Ländern dieser Welt mit Bürostühlen vertreten sein.
- Größter Onlinehändler Deutschlands werden
- Ich will Fallschirm springen / über das Feuer laufen
- Den Tod des nächsten Angehörigen überwinden
- Nach 40 Jahren Teilung die Wiedervereinigung Deutschlands erreichen
- Deutschland sozialpolitisch reformieren, um das Land wirtschaftlich zu retten
- Wir wollen Fußballweltmeister werden
- Mit 50 nochmal Kinder kriegen
- DIE wahre Liebe finden
- Mit 40 Marathon laufen
- 100 Meter unter 9,6 Sekunden laufen, einmal im Leben 2,45 Meter hoch springen
- Bester Torhüter der Welt werden
- Durch Umkehr und Gebet mein Leben retten
- Das 0-Fehler-Prinzip in der Produktion realisieren
- Die Diplomarbeit mit der Note »sehr gut« schreiben und jahrgangsbester BWL-Absolvent werden
- Einen Triathlon erfolgreich absolvieren
- In der Krise die Chance nutzen = sich selbstständig machen
- Vision von Hütte oder Haus am Meer umsetzen
- Wunschträumen jeweils einen Endtermin setzen
- Ein Selbst-Management-System zur Erreichung von Lebenszielen
- Gelassenheit und Ruhe in uns selbst (wieder)finden

Aber ich will gar nicht mehr auf das fantastische und funktionierende Phänomen der **Zielsetzung** innerhalb der **PROBIZIPLANDU-Methode** hinaus.

Nein, ich will darauf hinaus, dass wir uns den Moment **der Grenzüberwindung oder die Vollendung des gesetzten Zieles bewusst machen müssen.** Halten Sie doch einmal das Rad des Lebens an, wenn Sie Ihre mentale Grenze positiv überschritten haben. Es gibt unendlich viele gestresste Leute, die von sich selbst behaupten, »ich dreh am Rad«. In diesen großen Momenten ist es enorm wichtig, einfach einmal »das Rad **anzuhalten**« , um für sich selbst zu erkennen:
Ja. Du hast es geschafft. Du bist am Ziel deiner Träume. Und hattest alles gegeben dafür.
Alle Arbeit, alle Mühe, alle Anstrengungen und Investitionen waren sinnvoll und zielführend.
YES. Das ist dein Verdienst und Erfolg! Jetzt genieße es!

Was meinen Sie, wie ich mich gefühlt habe, als ich mein frisch geborenes Kind nach sieben Jahren Vorbereitungsphase nach der Geburt endlich in den Armen halten durfte?

- Als ich mein Studium mit Bestnote, quasi mit »Summa cum Lauda« absolviert hatte?
- Als ich den ersten Marathon und auch den zweiten geschafft hatte?
- Als ich nach ein bis zwei Jahren Durststrecke schließlich ein kleines Unternehmen aus der Verlustzone in die Gewinnzone geführt hatte?
- Wie fühlt es sich an, wenn wir den Lebenspartner und Liebespartner, den wir uns schon immer gewünscht hatten, heiraten und über die Schwelle tragen dürfen?

Ja, genau. Das ist p u r e s G l ü c k!

An unserem Hochzeitstag, an unserem Geburtstag und an Weihnachten, da tun wir es sowieso. Vielleicht auch noch bei der Geburt unserer Kinder.

Wir stoppen das Hamsterrad des Lebens. Wir halten an. Wir halten inne. Wir machen uns ganz deutlich bewusst, was das für ein Riesenglück ist. Oder dass es ein Gottesgeschenk ist, dass wir DAS überhaupt erreicht haben.
Wie viele oder besser gesagt, wie wenige Menschen sind es heute noch, die von sich behaupten können, dass sie den absoluten Traumpartner des Lebens an ihrer Seite haben, mit dem sie alt werden wollen? Also wenn das kein Glück ist.

Nun, mein Plädoyer dieses Kapitels ist:
Machen Sie sich Ihre Erfolge bewusst. Halten Sie an. Genießen Sie sie in einer Minute, einer Stunde oder besser

noch an einem Tag ihres Lebens und feiern sie. Erst in der Stille und Zufriedenheit mit sich selbst und dann mit Ihren Liebsten, Freunden, Verwandten, Kunden und Bekannten.

In Stephen C. Lundins Buch FISH gibt es vier Lebensweisheiten, die ich sehr häufig, auch in meinen Seminaren, zitiere und deren Umsetzung ich sogar mit meinen Seminarteilnehmern trainiere.

1. Wähle deine Einstellung
2. Sei präsent
3. Spiele
4. Schenke anderen Menschen Freude

Ich denke, dass der Autor dieses Buches »die Denke« von mehreren Millionen Menschen verändert hat, wenn diese das Buch gelesen und verstanden haben. So genial wie der Autor dieses Buches bin ich nicht. Aber ich gebe Ihnen abschließend noch einen Rat:

»Schenken Sie sich selbst Freude!«

Machen Sie sich die Erreichung Ihrer Ziele, die (positive) Überwindung Ihrer Grenzen glasklar und bewusst – und feiern Sie diesen Moment.

Ich kenne genügend Menschen, die das nicht tun. Sie rennen und rennen und rennen von einem Highlight zum Nächsten, ohne sich zu besinnen. Und kommen niemals an. Sie sind immer gestresst und immer unzufrieden. ERGO => Machen wir uns jedes Jahr, und immer wieder aufs Neue, bewusst, was wir alles erreicht haben – denn das war doch das, was uns früher noch soooooo unerreichbar erschien.

Nach der Feier unseres Erfolges setzen wir unsere Figur im Spiel des Lebens wieder auf »Los« und starten aufs Neue.

In diesem Sinne:

Viel Erfolg beim Überwinden Ihrer mentalen Grenze!